Off
*uma história
de teatro*

Off
*uma história
de teatro*

Manoel Carlos

EDITORA GLOBO

Copyright © 2005 by Editora Globo S.A. para a presente edição
Copyright © do texto 2005 by Manoel Carlos Gonçalves de Almeida

Todos os direitos reservados. Nenhuma parte desta edição pode
ser utilizada ou reproduzida – em qualquer meio ou forma, seja
mecânico ou eletrônico, fotocópia, gravação etc. – nem apropriada
ou estocada em sistema de banco de dados, sem a expressa
autorização da editora.

Preparação e revisão:
Agnaldo Alves de Oliveira

Projeto gráfico, capa e editoração eletrônica:
Axis Design

Impressão e acabamento:
Imprensa da fé

Dados Internacionais de Catalogação na Publicação (CIP)
(Câmara Brasileira do Livro, SP, Brasil)

Carlos, Manoel
Off / Maneol Carlos. – São Paulo : Globo, 2005.

ISBN: 85-250-4057-6

1. Teatro brasileiro I. Título.

05-5177   CDD-869.92

Índices para catálogo sistemático:
1. Peças teatrais : Literatura brasileira 869.92

1ª edição

Editora Globo S. A.
Av. Jaguaré, 1485 – 05346-902 – São Paulo, SP, Brasil
www.globolivros.com.br

Off
*uma história
de teatro*

Personagens:

THELMA
PLÍNIO
ZU
MESTRE-DE-CERIMÔNIAS

Cenografia:

O "living" do confortável apartamento da atriz Thelma Cordeiro. Fotos, livros, discos, quadros, televisor e videocassete, aparelho de som, mesa, cadeiras, estofados, almofadões no chão, garrafas de bebidas, etc.

EM QUALQUER CIDADE GRANDE, HOJE. UM MINUTO ANTES DO INÍCIO DO ESPETÁCULO, COM O PÚBLICO JÁ ACOMODADO E AS LUZES APAGADAS, OUVE-SE O SOM DE UMA TRANSMISSÃO DE TELEVISÃO. A VOZ DO MESTRE-DE-CERIMÔNIAS VEM DO PALCO ESCURO.

Voz do mestre-de-cerimônias – Diretamente do palco do canal 3, os momentos finais da cerimônia de entrega dos troféus aos melhores do ano. Vamos agora para um rápido intervalo comercial e em seguida voltaremos para o encerramento desta festa, com uma premiação extra, "hors-concours", homenageando uma grande e querida personalidade artística. Voltamos em um minuto.

SEGUE O ÁUDIO DE UM INTERVALO COMERCIAL DE TELEVISÃO. APÓS UM MINUTO, ACENDEM-SE AS LUZES DO PROSCÊNIO. ENTRA O

MESTRE-DE-CERIMÔNIAS, SEGURANDO UM TROFÉU.

Mestre-de-cerimônias – Desfilaram por este palco grandes nomes do nosso teatro: atores e atrizes, diretores, figurinistas e cenógrafos, autores, técnicos e revelações de muito talento. Gente famosa ao lado de artistas que estão apenas começando. Agora, tal como prometemos, vamos encerrar esta grande festa homenageando uma das mais ilustres figuras do nosso teatro. Ela recebe o prêmio especial por sua fulgurante carreira de atriz. Senhoras e senhores: nossos aplausos carinhosos para Thelma Cordeiro!

ACORDES MUSICAIS BEM TELEVISIVOS. THELMA ENTRA NO PALCO E AGRADECE OS APLAUSOS COM AS INCLINAÇÕES DE PRAXE. POR TRÁS DELA, O MESTRE-DE-CERIMÔNIAS ESTIMULA O PÚBLICO A APLAUDIR DE PÉ. A PARTIR DE AGORA, ENTRAM APLAUSOS E RISOS GRAVADOS, MAS PODE-SE CONTAR TAMBÉM COM A PARTICIPAÇÃO ESPONTÂNEA DO PÚBLICO DO TEATRO, QUE FAZ AS VEZES DO AUDITÓRIO DE TELEVISÃO ONDE ESTÁ SE REALIZANDO A ENTREGA DOS PRÊMIOS. PEDE-SE, PARA ISSO, QUE TANTO THELMA COMO O MESTRE-DE-CERIMÔNIAS SEMPRE SE DIRIJAM AO PÚBLICO PRESENTE E AO PÚBLICO DE CASA, ATRAVÉS DE SUPOSTAS CÂMERAS.

Thelma – Obrigada pelo carinho. Vocês estão sendo muito generosos... Eu não mereço. Me deixam sem graça... Obrigada... Pensei até que nem se lembrassem mais de mim... Obrigada...

OS APLAUSOS VÃO CESSANDO, ATÉ QUE SE EXTINGUEM COMPLETAMENTE. THELMA TEM UM TEMPO PERFEITO PARA SE DIRIGIR AO PÚBLICO. MARCA CADA PAUSA, CADA INFLEXÃO, COM GRANDE CONHECIMENTO DA SUA PROFISSÃO DE ATRIZ.

THELMA – Obrigada. (*pausa estratégica*) Eu estava ali no meu canto, vendo meus companheiros receberem seus prêmios... ouvindo o que eles diziam. Muita emoção, principalmente daqueles que vêem um primeiro trabalho reconhecido pela crítica. Ah, a crítica! (*sorri, irônica*) Como o teatro seria melhor sem os críticos!

RISOS.

THELMA – Não me julguem tão intolerante com a crítica, quanto ela costuma ser com os artistas. Sou até benevolente! Goethe, que era um gênio, exclamou uma vez: "Mate aquele cão! É um crítico!"

RISOS.

THELMA – Mas vamos falar de coisas agradáveis, que hoje é um dia de festa. Eu sei o que é receber um prêmio pela primeira vez. E é até provável que hoje eu esteja aprendendo o que é receber pela última.

PROTESTOS SIMPÁTICOS DO MESTRE-DE-CERIMÔNIAS, QUE ESTIMULA A PLATÉIA A APLAUDIR, EM SINAL DE DISCORDÂNCIA.

THELMA — São gentis, muito gentis, fico comovida. Obrigada. Não vou ficar aqui me lamentando, não. Vamos em frente, que se é verdade que tempo é dinheiro, na televisão esse dinheiro é em dólar!

O MESTRE-DE-CERIMÔNIAS OLHA O RELÓGIO, DISCRETAMENTE.

THELMA — De olho no relógio, olha lá.

RISOS. O MESTRE-DE-CERIMÔNIAS SORRI, TOLERANTE.

THELMA — Já recebi alguns prêmios nesses anos todos de atividade. É inevitável. Hoje, até os bancos, as lanchonetes, os supermercados, oferecem troféus aos funcionários que se destacam. No meu caso, tenho certeza de ter merecido sempre, pelo menos, o prêmio de resistência. Nossa vida tem sido uma luta feroz. Como todos sabem, o teatro é um eterno agonizante. Na verdade, ele vive dessa morte constante, anunciada sempre. Ele padece de uma doença terminal... graças a Deus interminável!

APLAUSOS.

THELMA — Ali, nos bastidores, me perguntaram a quem eu ia dedicar este prêmio, já que é de praxe oferecê-lo a alguém. A gente vê isso, inclusive, na entrega do Oscar. Bem, eu não tenho marido. Os três que tive já não existem mais. Por favor, não me vejam como uma viúva-negra. Apenas um morreu. Os outros dois deixaram de existir somente pra mim. Também não tive filhos. Feliz ou infelizmente, não sei. Não tenho pais vivos, sou filha única e os parentes distantes estão muito distantes. Talvez me perguntem por que não dedico o prêmio à memória dos meus pais, como tantos premiados fizeram. É que... não consigo me lembrar com simpatia da família que tive, que perdi tão cedo e da qual não recebi nenhum estímulo. Mas tenho alguns amigos, claro, e escolhi um deles, na verdade "uma", uma amiga, pra dedicar este troféu.

LUZES NO PALCO, REVELANDO O "LIVING" DE THELMA. O TELEVISOR ESTÁ LIGADO E A IMAGEM É, OBVIAMENTE, A DA TRANSMISSÃO DO PROGRAMA DE TV. SENDO ASSIM, TEMOS THELMA E O MESTRE-DE-CERIMÔNIAS DUAS VEZES: NO PALCO E NA TV. ZULEIKA (ZU), ESTÁ DIANTE DO APARELHO. OUVE-SE O RUÍDO DE CHUVA FORTE E CONSTANTE, COM ALGUNS RELÂMPAGOS, VEZ OU OUTRA, ILUMINANDO A SALA.

Thelma — Pra você, Zuleika, minha querida e leal Zu, que está aí em casa, desde menina, "me agüentando".

REAÇÃO EMOCIONADA DE ZU, NO "LIVING", MAL ACREDITANDO NO QUE ESTÁ OUVINDO.

Thelma – Minha secretária... doméstica. Pra você, que tem sido, muitas vezes, todos os parentes e amigos que não tenho ou que perdi.

APLAUSOS. THELMA ERGUE O TROFÉU, SEM GRANDE ENTUSIASMO. SÓ PELA PRAXE DE SE FAZER ISSO NESSAS OCASIÕES. ZU, NO "LIVING", APLAUDE, CHORA, NÃO CABE EM SI DE CONTENTE.

Mestre-de-cerimônias – O crítico de teatro Plínio Franco é que deveria estar aqui, entregando este troféu pra você. Afinal, ele vem acompanhando a sua carreira desde o início...

Thelma – Acompanhando e não gostando.

RISOS.

Mestre-de-cerimônias – Ele está fora da cidade, sem conseguir voltar. O aeroporto está fechado, por causa dessa chuva que parece não acabar mais... Mas ele telefonou e ditou uma pequena mensagem. Posso ler?

Thelma – Se ele não diz nada inconveniente...

RISOS. O MESTRE-DE-CERIMÔNIAS CONSULTA MAIS UMA VEZ O RELÓGIO E TIRA APRESSADAMENTE UM PAPEL DO BOLSO, LENDO.

Mestre-de-cerimônias – "Thelma: lamento não estar presente para entregar a você esse merecido troféu.

Me desculpe. Do admirador e atento observador de sua luminosa carreira de atriz. Plínio."

MAIS APLAUSOS, INCLUSIVE DE ZU, NO "LIVING".

THELMA – Obrigada, Plínio. Eu também queria encontrar você aqui, tanto tempo não nos vemos! Não guardo mágoas. Você nunca gostou muito do meu trabalho – e isso ficou claro nas críticas que você escreveu, mas... tudo bem, tenho horror à unanimidade, e você evitou que isso acontecesse. Eu acho mesmo que todo crítico se sente um pouco diminuído quando gosta de um espetáculo. Precisa não gostar pra ser temido, já que poucas vezes consegue ser respeitado. É uma função infeliz essa, ao contrário da minha, que é divertir e, muitas vezes, levar as pessoas à reflexão. Eu me lembro sempre de uma frase de um grande músico, Sibelius: "Não se incomode com as críticas. Nunca se ergueu uma estátua a um crítico!".

APLAUSOS E RISOS. O MESTRE-DE-CERIMÔNIAS CONTINUA IMPACIENTE, OLHANDO O RELÓGIO, RECEBENDO SINAIS DOS BASTIDORES, PROCURANDO APRESSAR THELMA COM OS OLHOS.

THELMA – O que talvez ninguém saiba é que começamos juntos no teatro, Plínio e eu. Fizemos "Romeu e Julieta" no teatro universitário. Ele era um belo Romeu, mas aqui entre nós, que ninguém nos ouça, era meio canastrão. Bonito, mas mau ator, como quase todos os atores bonitos. Mas aqui estou eu criticando, eu que vivo falando mal dos críticos. (*Olha o troféu por um segundo*) Não é nenhuma maravilha, mas é mais simpático que o Oscar. Olha: não pensem que eu abandonei o teatro, não – e por isso estou recebendo esta homenagem. Estava brincando quando falei que era meu último prêmio. Não, não. Estou apenas de merecidas férias, mas prometo a vocês que logo estarei de volta com um lindo espetáculo.

MAIS APLAUSOS. O MESTRE-DE-CERIMÔNIAS TROCA UM SINAL COM ELA, MEIO AFLITO COM O TEMPO.

Thelma — Para terminar, uma mensagem de amor e de esperança para um grande e querido amigo, talentoso companheiro de tantas batalhas, e que está doente. Mas que está lutando, lutando ferozmente para continuar vivo. (*Pausa. Encarando a platéia silenciosa*) É. Temos perdido muitos valores ultimamente, por culpa de um novo inimigo que anda por aí, rondando as nossas vidas. Não é apenas mais uma doença, mas uma sabotagem à felicidade. Nós vamos vencer esse inimigo, mais cedo ou mais tarde, tenho certeza.

MANTÉM O OLHAR FIXO NA PLATÉIA, POR UM CERTO TEMPO. DEPOIS ENCERRA:

Thelma — Só isso. Muito obrigada. Beijo em cada um de vocês. Até breve, muito breve.

NOVOS APLAUSOS. VAI-SE AFASTANDO, COM AS INCLINAÇÕES DE SEMPRE, ATÉ DESAPARECER NOS BASTIDORES. O MESTRE-DE-CERIMÔNIAS FAZ UM GESTO E ENTRA UM SUFIXO MUSICAL, VIBRANTE, ENQUANTO ELE SE DESPEDE E SAI, COM ADEUSES E SORRISOS ARTIFICIAIS. APAGAM-SE TODAS AS LUZES POR UM MINUTO, ENQUANTO ENTRA O ÁUDIO DE UM INTERVALO COMERCIAL DE TV. QUANDO AS LUZES VOLTAM AO "LIVING" DE THELMA, VEMOS, SOBRE A MESA, DUAS CESTAS DE FLORES, DOIS PRESENTES EMBRULHADOS E ALGUNS TELEGRAMAS. A CHUVA LÁ FORA CONTINUA FORTE E CONSTANTE. RELÂMPAGOS E TROVOADAS. ZU DORME ENCOSTADA NO SOFÁ. NO TELEVISOR, VEMOS UM FILME COM O ÁUDIO BEM BAIXO. THELMA ENTRA, UM POUCO MOLHADA DA CHUVA. COM O RUÍDO, ZU ACORDA, ANSIOSA.

THELMA – Acordada ainda, Zu?

ZU – E acha que eu ia dormir sem falar com a senhora? Puxa, dona Thelma, eu nunca podia imaginar que a senhora ia oferecer aquele prêmio pra mim! Falar meu nome na televisão! Eu só espero que toda a vizinhança tenha visto! Nem sei o que dizer! A senhora é mesmo uma coisa, uma...

THELMA – Tudo bem, Zu, você merece. Gravou?

ZU – Do começo ao fim. A festa tava linda!

Thelma – Cafonérrima! Olha só: do táxi aqui, molhada até os ossos!

Zu – Essa chuva não pára! (*Corta*) Tava tão bonita a senhora! Um luxo! Só tinha que usar mais jóias, tem cada uma tão bonita! Aqueles brincos de argola, nunca mais a senhora usou! Fica linda, parecendo a Cigana da novela! Tem que se enfeitar mais, se pintar mais também – a senhora não toma sol! Tem que ajudar com uma corzinha aqui, outra ali... pra compensar. Tá muito branquinha!

DURANTE ESSE TEXTO, ZU MANTÉM-SE ANSIOSA, RODEANDO A PATROA, PROCURANDO O TROFÉU QUE ELA NÃO VÊ NAS MÃOS DE THELMA, MAS SEM CORAGEM DE PERGUNTAR. THELMA DESAFIVELOU O CINTO, TIROU OS SAPATOS, DESABOTOOU A BLUSA, ETC., AO MESMO TEMPO QUE SE APROXIMOU DA MESA E FOI PASSANDO OS OLHOS NOS CARTÕES, TELEGRAMAS, ETC.

Thelma – Flores, presentinhos, telegramas...

Zu – E o telefone não parou! Mil cumprimentos pelo prêmio! Deixei os nomes aí em cima.

Thelma – Flores de um deputado. Nunca ouvi falar nesse sujeito! Do pessoal do Departamento de Cultura. Simpático. (*Abre um presente*) Uísque. Só pode ser do Sérgio. (*Confere*) Não disse? (*Abre outro*) Bombons. Do Roberto. Esses ex-maridos! Um querendo me embriagar, outro querendo me engordar. Falando nisso, tem alguma coisa pra comer?

Zu – A senhora disse que ia jantar fora.

Thelma – Um bando de gente – todo mundo querendo invadir uma churrascaria! Desisti!

Zu – Eu faço qualquer coisa pra senhora. Mas primeiro vai tirar essa roupa molhada! Isso faz mal!

Thelma – Já estou indo – deixa só ver mais este aqui. (*Abre um telegrama*) Hum... do prefeito! Como gosta de aparecer, nossa!

THELMA PERCEBE A INQUIETAÇÃO DE ZU, ANDANDO À SUA VOLTA.

Thelma – O que foi, Zu?

Zu – (*Quase implorando*) Cadê ele? O troféu?

Thelma – Deus do céu, Zu! Esqueci no táxi!

Zu – (*Escandalizada*) Esqueceu no táxi??? Mas dona Thelma!!!

Thelma – Ah, o que é que tem? Já esqueci um marido num restaurante! Mas é fácil: foi aquele táxi especial, que a gente chama sempre.

Zu – Central de Táxi.

THELMA — Isso. Tem o número aí no caderno. Vai vendo, enquanto eu tomo uma chuveirada rápida.

ZU ACHA O NÚMERO, SE PÕE A LIGAR, AINDA INDIGNADA COM O ESQUECIMENTO DA PATROA, ENQUANTO THELMA CONTINUA CISCANDO AS COISAS DA MESA, LENDO UM CARTÃO, ETC.

Zu — (*Impaciente*) Tá ocupado! (*E recomeça a discar*) Posso fazer um macarrãozinho pra senhora. Ou um ovo mexido.

THELMA — Não. Faz um sanduíche e me vê um copo de leite. Quente, pra ver se eu escapo de um resfriado.

Zu — (*Desliga, mais impaciente*) Também, com essa chuva, o que deve ter de gente atrás de táxi! (*Não se conforma, resmunga, incrédula, sempre voltando a discar*) Esquecer um prêmio! Incrível!

THELMA — (*Espirrando*) É, acho que não vai dar pra escapar, não!

Zu — (*Completando a ligação*) Ah, graças a Deus, tá chamando! Quem é que tá falando? Dalva? Olha, Dalva, a minha patroa esqueceu um troféu, um prêmio, sabe? Num táxi de vocês, não faz nem meia hora! Jura? Puxa, que sorte!

E ZU PULA DE ALEGRIA. IMEDIATAMENTE, FICA ÍNTIMA DA TELEFONISTA DA CENTRAL DE TÁXI.

Zu – Ela já tava sabendo, dona Thelma! (*Thelma sorri, tolerante*) Ah, fico tão feliz, Dalva! Ela mesma, em carne e osso! Tá aqui, na minha frente! É, eu trabalho aqui desde menina!

Thelma – Vai contar sua vida, agora.

Zu – Ah, é a pessoa mais maravilhosa que eu já conheci em toda a minha vida!

Thelma – Vá direto ao assunto, Zu!

Zu – Deixa ver se ela dá uma palavrinha com você!

Thelma – (*Com mil sinais de negativa*) Ah, Zu, me tira dessa, por favor!

Zu – (*Gagueja*) Ela foi tomar um banho – chegou toda molhada, coitadinha! Mas eu digo pra ela, claro, pode deixar comigo!

Thelma – Vê meu sanduíche e meu copo de leite, Zu!

E SAI, JÁ MEIO DESPIDA, LEVANDO AS PEÇAS DE ROUPAS QUE TIROU. AÍ ZU SE ANIMA E PASSA ÀS CONFIDÊNCIAS.

Zu – Pois é, menina, já viu uma coisa assim? Um troféu daquele tamanho, um prêmio! Artista é assim... sempre voando! Sabe que uma vez ela esqueceu o marido num restaurante? (*Ri*) Juro! Ela mesma me contou agora mesmo! Ah, não sei se ela foi buscar ou mandaram entregar em casa! (*Ri*) Ela já teve três! Sabe como é artista, né? Aquela moça da novela das oito, você vê a novela das oito? Então? A que faz a Cigana. Eu li que ela está no sexto marido! (*Ri*) Deus me livre! Eu que ainda não tive nenhum! Você é casada? Ah, tá em lua-de-mel ainda, nossa! dois anos só! Não pintou bebê ainda? Mas você não quer ou... Ah, bem, tá difícil mesmo, mas filho me dizem que é muito importante pra segurar um casamento! Seu marido faz o quê? Ah, que bom, assim vocês ficam mais tempo juntos. Não, menina, nem namorado eu tenho. Já tive, mas no momento... Vinte e cinco anos... Entrei aqui com treze. Ah, não saio mais, sou muito bem tratada. Eu não tô atrapalhando o seu serviço aí, não? Tá bem. É uma pena que você não tenha visto pela televisão. Ela dedicou o prêmio pra mim! É, o troféu vai ficar comigo, no meu quarto! Pergunta pra quem viu. Zuleika. Ela me chama de Zu. Já falei: 25! (*Mais baixo*) Ah, ela não sei, mas... tem mais de 60, isso tem. Ah, não, aparenta menos! Quando ela se arruma direitinho, parece... sei lá... cinqüenta e poucos. O quê? Não, ela não desistiu. É que... acho que é uma doença, não sei direito, ouvi ela falar com o médico e... (*Ouve mais*) Falo sempre isso: "Por que é que a senhora não faz mais novela?" Claro! Mas acho que é também por causa de ter que decorar muita coisa... Ela não consegue. Às vezes eu tô por perto e escuto ela falar sobre isso com o médico ou com um amigo dela, um artista que está internado... (*Mais baixo ainda*) Com Aids.

THELMA REAPARECE, NUM LINDO ROUPÃO DE BANHO, CABELO PRESO, DESCALÇA. PAS-

SANDO UM CREME BRANCO NO ROSTO, COM GESTOS SUAVES, DELICADOS.

Thelma – Ainda, Zu? Arrumou uma amiga de infância?

ZU FAZ AQUELE GESTO DE QUE ESTÁ QUERENDO DESLIGAR, MAS QUE A OUTRA NÃO DEIXA.

Zu – Muito obrigada, Dalva. A gente espera. Adorei falar com você. Tchau. Telefono um dia desses, pra gente se conhecer. (*Desliga*) Me pegou, que não queria largar! O motorista já tinha avisado a Central. Ele mesmo faz questão de trazer pra senhora, assim que ficar livre. Eles têm um cadarço da gente, lá, com endereço e tudo, essa Dalva falou.

Thelma – Cadastro. Cadarço é de sapato. Vê meu sanduíche e meu copo de leite, vai! (*Passa a mão na nuca*) Começou minha dorzinha de cabeça.

Zu – Tomou o remédio de pressão?

Thelma – Esqueci de levar!

Zu – Por isso a dorzinha de cabeça, né? Se o doutor Vaisman sabe!

ZU PROVIDENCIA O REMÉDIO E A ÁGUA, THELMA BEBE MECANICAMENTE, ENQUANTO LIGA O VIDEOCASSETE, A CENA PROSSEGUINDO SEM INTERRUPÇÃO.

Zu – Só não voltei a fita.

Thelma – (*Voltando a fita, impaciente*) Dá pra perceber. Gravou só a minha parte, espero?

Zu – Ah, gravei tudo! Uma festa tão bonita!

Thelma – Não sei como é que você agüenta!

VAI CORRENDO A FITA COM O CONTROLE REMOTO, PROCURANDO A PARTE QUE LHE INTERESSA.

Zu – Me divirto vendo os artistas. Aquela que tá na novela das sete, que faz papel de Suzana, tava com um decote!

Thelma – É o que ela tem pra mostrar de melhor, como atriz. E é puro silicone!

Zu – Ah, mas eu gostei do que ela falou. Dedicou o prêmio pro filho, de um aninho. Quase chorei.

Thelma – Você chora por qualquer coisa.

Zu – Sofro com muita facilidade! A senhora mesmo me disse, uma vez, que no amor...

Thelma – Não quero saber o que falei sobre o amor. Não entendo nada desse assunto. Ah, Zu: você quer me matar de fome, é?

ZU SAI CORRENDO. THELMA LOCALIZA A SUA

PARTICIPAÇÃO NA FITA. APERTA O "PLAY" DO CONTROLE-REMOTO E A IMAGEM DELA ENTRA NO TELEVISOR. ELA FICA SE OLHANDO POR UM TEMPO.

Thelma – Que horror, meu Deus! Não sei por que dão esses malditos closes! Uma atriz de teatro é pra ser vista de três metros de distância, no mínimo! Tortura chinesa! Como é possível envelhecer numa profissão dessas? E até morrer por ela? Somos um bando de malucos!

TOCA O TELEFONE. ELA DIMINUI O SOM E PÁRA A PRÓPRIA IMAGEM NO TELEVISOR.

Thelma – Alô. Oi, Nil, como é que você está? Ah, querido, você é que é um amor. Eu não podia dizer o seu nome, mas aqui, dentro de mim, só pensava em você. Não tem que agradecer nada, fiz de coração. Mas me diz: como é que estão as coisas? A febre? É esse tempo maluco também. Claro que você vai ficar bom. Amanhã eu vou te ver. Ganhei uma caixa de bombons de um dos meus falecidos. (Ri) Vou levar pra você. Que fruta? Ah, tá, eu levo. Gravei, gravei, a Zu gravou pra mim. Tava dando uma olhada. Jura? A Zu achou também. Não sei não. Eu sempre me acho péssima. Me acho mãe de mim mesma. As pessoas devem pensar: "Como está velha, acabada! e isso depois de meia dúzia de plásticas!" (Ri) Tenho certeza, Nil! E eu que só fiz duas! Ah, que bom que eu te faço rir. É do que precisamos. Rir muito! Tudo bem, meu amor, vai descansar. Amanhã eu vou te ver. Boa noite, querido, dorme bem. Um beijo do fundo do coração. Tchau... tchau...

DESLIGA LENTAMENTE E FICA PENSATIVA, CINZENTA. ZU ENTRA COM O SANDUÍCHE E O LEITE. JÁ ENTRA FALANDO, DANDO CONTINUIDADE AOS SEUS PENSAMENTOS NA COZINHA.

Zu – Só tem uma coisa que eu achei. Posso ser sincera? Achei que a senhora tava muito triste, muito pra baixo, muito...

THELMA – (*Desgostosa*) Ah, eu sei, eu sei! Eu não queria! Não tolero dar esse gostinho a ninguém! Por que é que eu tenho que falar de pai, mãe, maridos... críticos...? Sempre tenho que falar nos malditos críticos! Sou uma idiota mesmo! Quero mostrar superioridade, indiferença, dar uma de quem está por cima, feliz e realizada, mas acabo amarga, fazendo as pessoas terem pena de mim!

Zu – A senhora nunca se lembra de nada com alegria! Aquela moça, a que faz o papel de filha da empregada na novela das seis, lembra? Foi logo no comecinho da festa! Ela falou que naquele momento o pai dela, lá no céu, devia estar sorrindo, feliz com o prêmio que ela recebeu! E nem por isso ela tava triste! Ao contrário!

THELMA – Ah, Zu – não vamos exagerar! Ela não tem nenhum senso crítico! Então você acha que um pai, depois de morto, esteja lá onde estiver, vai sorrir porque a filha ganhou um prêmio de melhor atriz coadjuvante?

Zu – Mas o público adorou. Não lembro do nome verdadeiro dela.

Thelma – Você não sabe o nome de nenhum desses artistas de novela! Só sabe quem são pelos personagens: uma é a Maria da novela das seis, outro é o Ricardo da novela das sete, a filha da empregada da novela das oito!

Zu – (*Ingênua*) A filha da empregada é que é da novela das seis!

VAI BRIGAR, MAS DESISTE. ATÉ SORRI.

Thelma – Quando a novela acaba, essa gente toda perde a identidade, vira defunto de novela. Aqueles que algum dia foram: Ricardo, Deise, Maria. No teatro, carregamos o nosso nome pra sempre. Quando fiz "Uma Rua Chamada Pecado", ninguém me chamava na rua de Blanche Dubois. Sempre fui Thelma Cordeiro, a inesquecível intérprete de Blanche Dubois. Nunca perdi meu nome para o nome de um personagem. Sempre fui mais forte do que eles! Porque eu existo e eles... só existem se eu quiser.

SILÊNCIO. THELMA PERDE-SE EM LEMBRANÇAS E ZU QUER QUEBRAR A TENSÃO.

Zu – O que eu sei é que essa moça que eu falei foi a mais aplaudida da noite!

Thelma – (*Parece acordar*) Me aplaudiram pouco, não é?

Zu – Claro que não, mas... (*Hesita*) todo mundo gosta de novela. Se a senhora voltasse a fazer... Olha: até a moça da Central de Táxi perguntou por que é que a senhora não faz mais novela! O rapaz do açougue também perguntou e a moça do terceiro andar...

Thelma – (*Corta, irritada*) Chega, Zu! Essa gente não tem mais nada pra fazer na vida, não? Só televisão, televisão? Não gosto dos papéis que me oferecem – é isso. Tenho esse direito, não tenho, depois de tanta luta? Quando falarem isso pra você, quando perguntarem, você diz que eu recebo milhões de convites, mas que não aceito, que não estou a fim de fazer qualquer coisa que me ofereçam.

ZU BAIXA OS OLHOS, SEM ACREDITAR. THELMA PERCEBE E REFORÇA:

Thelma – E tem também o problema do dinheiro. Sou uma atriz cara, muito cara, e a televisão paga mal! Por isso contrata principiantes! Diz isso também pra quem te perguntar!

Zu – (*Ingenuamente*) A senhora disse noutro dia, no telefone, que televisão dá mais dinheiro que teatro!

Thelma – (*Já saturada*) Isso é quando teatro vai muito mal e televisão vai muito bem! Não é sempre! Quer parar com esse assunto, Zu, e deixar de ouvir minhas conversas no telefone? A partir de agora, te proíbo de ficar perto de mim, quando eu estiver falando com alguém! Entendido?

Zu – (*Sem mágoa*) Sim senhora.

THELMA AUMENTA O SOM DO VÍDEO, IRRITADA. COME O SANDUÍCHE E TOMA GOLES DE LEITE. TOCA O TELEFONE.

Thelma – É hoje!

Zu – Eu atendo, deixa. (*Atende*) Alô. É. Quem quer falar? (*Vira-se para Thelma e repete*)
Ah, doutor Vaisman??

THELMA PÁRA A IMAGEM DO VT, PEDINDO O TELEFONE.

Thelma – Médico é sempre bom atender. Nunca se sabe o dia de amanhã. Alô. Samuel, querido, como vai? Ah, gostou? Que bom! Tristinha, eu? (*Para Zu*) Ele também achou.

Zu – Não disse?

Thelma – (*Enxotando Zu com a mão*) O que é que eu te falei agora mesmo, Zu? Fora, fora, não quero você ouvindo!

ZU SE AFASTA, COMO QUEM VAI SAIR, MAS FICA OUVINDO DA PORTA, SEM QUE THELMA A VEJA. DIANTE DO TEXTO PESSIMISTA DA PATROA, ELA FAZ O SINAL-DA-CRUZ VÁRIAS VEZES, PARTICIPANDO DA CONVERSA, CONCORDANDO OU DISCORDANDO.

THELMA – (*No telefone*) Estou falando com a Zu, que não larga do meu pé dia e noite! Não, nada de depressão, mas sabe como é... nessas ocasiões tem sempre um cheiro de morte no ar. É sim. Desde que parei de trabalhar, sinto que as homenagens parecem póstumas! Acho que a qualquer momento vão dizer: "Nossa saudosa Thelma..." (*Ri*) Estou bem, fica sossegado. Ah, não tinha mesmo pra quem dedicar o troféu. Olha: quase ofereci pra você. Juro. Mas eu pensei: se dedico o prêmio ao meu médico, aí é que vão pensar mesmo que eu estou com um pé na cova. Tudo bem, querido. Estou fazendo tudo direitinho. Não. Nem bebendo, nem fumando, nem... (*Ri*) Bem, você sabe que eu não faço mais nada vida a não ser respirar, não é? (*Ri sem alegria*) E acho que nem é por muito tempo! Ah, não, não, só estou brincando. Rir pra não chorar, como se diz! Está certo. Isso! Vem no fim de semana, vem tomar um drinque. Desculpe: um café. Um chá, pronto. Com esse tempo... um chá com torradas vai bem. Visita de amigo, não de médico. OK. Obrigada. Um beijo. Bye.

DESLIGA. E DÁ DE CARA COM ZU. VAI BRIGAR, MAS ACABA DESISTINDO, SORRINDO.

Thelma — Não tem mesmo jeito de eu me livrar de você!

Zu — O doutor Vaisman é solteiro?

Thelma — Casado. Casadíssimo! E feliz! Pára de querer me casar outra vez, Zu. Já estou casada com você!

Zu — Que é isso, dona Thelma!?

Thelma — Casamento espiritual, sua boba. E de conveniência. Pra mim, pelo menos. Mas fica sossegada, que quando você casar com um homem, eu deixo. Mas por favor: espera eu morrer!

E COLOCA EM MOVIMENTO A IMAGEM GRAVADA DO VT. A CENA PROSSEGUE SEM INTERRUPÇÃO, COM THELMA VENDO A GRAVAÇÃO.

Zu — Morte, morte, sempre falando em morte! Tenho horror a esse assunto!

Thelma — Do que é que você tem medo? Já viu alguém que tenha morrido — reclamar? Mas da vida todo mundo se queixa! Essa gente dormindo na rua, com essa chuva: velhos, crianças... Numa sepultura estariam melhor.

Zu — Ah, dona Thelma, viver é a melhor coisa do mundo!

Thelma — Viver! Não isso que está aí fora!

TOQUE DE INTERFONE LÁ DENTRO, NA COZINHA. E ZU SALTA, FELIZ.

Zu – Chegou o meu troféu!

SAI PARA ATENDER E LOGO VOLTA, DESAPONTADA.

Zu – Flores pra senhora!

Thelma – Ótimo! quanto mais flores, melhor! Esta casa estava precisando mesmo de um pouco de natureza... viva. (*Desliga o VT*) Chega de ver essa cara!

VAI ATÉ O SOM E PÕE A TOCAR UM CD QUE JÁ ESTÁ NO APARELHO. ENTRA "VALSA TRISTE", DE SIBELIUS. ESSA VALSA TEM QUATRO MINUTOS E DEVE TOCAR ATÉ ACABAR, ENQUANTO A CENA PROSSEGUE, COM THELMA ABRINDO VÁRIOS TELEGRAMAS, PASSANDO OS OLHOS RAPIDAMENTE, SEM INTERESSE, E DEIXANDO-OS DE LADO.

Zu – Outra vez essa música!

Thelma – Se começa a implicar comigo, pego de volta o meu troféu, hein! E dou lá embaixo, pro porteiro!

Zu – (*Sem levar a sério a ameaça*) A senhora fica ainda mais triste com essa música!

Thelma – Eu gosto de me sentir triste. Me alegra! Não me olha assim, que eu não estou maluca. Já sofri tanto por causa dos outros, que quando me sinto infeliz porque quero, fico feliz com essa infelicidade. Porque é à minha custa! Entendeu?

Zu – Mais ou menos.

TOQUE DE CAMPAINHA.

THELMA – Pega a minha bolsa aí e dá uma boa gorjeta pro rapaz. Com essa chuva, coitado!

ZU SAI COM A BOLSA DE THELMA, QUE FICA OUVINDO A VALSA, OS OLHOS FECHADOS SUAVEMENTE. ZU VOLTA COM UM MAÇO GRANDE DE ROSAS.

THELMA – Hum, que beleza! Me deixa ver de quem é. (*Lê o cartão*) "Parabéns. Você continua sendo a maior de todas. Mas como seu ex-marido, fiquei chocado ao saber que – para você – eu não existo mais. Podia ter me oferecido o troféu. Eu ia adorar. Um beijo do sempre vivo, Sérgio.

Zu – "Seo" Sérgio, que simpático!

THELMA – Uísque, flores... o que é que ele tá querendo?

Zu – Ah, ele sempre deu flores pra senhora!

THELMA – (*Sorri, maliciosa*) Dos três, ele era o seu predileto, não era?

Zu — Todos eles sempre me trataram bem.

Thelma — Mas aquele ordinário do Roberto cantava você!

Zu — Ele nunca me faltou com o respeito!

Thelma — Ele mesmo me falava.

Zu — (*Assustadíssima*) Falava o quê?

Thelma — Quando queria me irritar, me provocar. (*Imita, cafajeste*) "Um dia desses, quando você estiver no teatro, eu levo essa menina pra cama!"

Zu — Deus do céu, dona Thelma! Como é que a senhora tem coragem? Eu tinha apenas... Nossa! quando ele se separou da senhora, eu tinha... menos de dezesseis anos!

Thelma — Pois é. Era do que ele gostava: garotinhas. (*Corta*) Pega os vasos, anda!

THELMA SAI PARA O QUARTO. ZU FICA UM POUCO PERTURBADA, MAS TAMBÉM ENVAIDECIDA COM AS INTENÇÕES DO "SEO" ROBERTO. QUANDO VAI SAIR, TOCA O TELEFONE.

Zu — Alô. É sim, quem é? Oi, "seo" Roberto, tudo bem? Puxa, não morre nunca mais, a gente tava falando agorinha mesmo no senhor! Imagina! Bem, claro! Por que é que a gente ia falar mal? Chegou, sim, eu vou chamar. Não, não, tá lá dentro. Como o senhor quiser. Digo, sim, claro. (*Olha receosa para os lados e fala baixo*) Não casei não senhor! Nem tô namorando! O quê? Que idéia! Não tô guardando pra ninguém! Ah, eu vou desligar, se o senhor não parar com isso. Ah, não quero ouvir mais nada. Dá licença. Té logo.

DESLIGA E FICA MAIS PERTURBADA, COMO SE ESTIVESSE CHEIA DE CULPA. THELMA REAPARECE, VESTINDO UM LINDO PIJAMA, DE SEDA. BEM TEATRAL. COM TODA CERTEZA, UM PIJAMA USADO NUMA DAS PEÇAS DO SEU REPERTÓRIO.

THELMA – Quem era?

ZU – (*Apressada*) "Seo" Roberto!

THELMA – Falando no diabo...

ZU – Só queria saber se a senhora tinha chegado bem, com essa chuva!

THELMA – Ex-marido é sempre mais gentil que marido!

ZU – Deixa pegar os vasos!

E PEGA OS VASOS NUM MÓVEL DA SALA, A CENA PROSSEGUINDO SEM INTERRUPÇÃO. ARRUMAM AS ROSAS, CADA UMA CUIDANDO DE UM VASO. THELMA CONTINUA COMENDO

LENTAMENTE SEU SANDUÍCHE E TOMANDO GOLES DE LEITE.

Zu – Acho que eu vou ligar outra vez pra Central de Táxi.

THELMA – Deixa pra lá, Zu! O que é que eles vão fazer com aquilo? Não vale nada!

Zu – Se eu ganhasse um troféu, ia dormir agarrada com ele a vida inteira! Ia querer até ser enterrada com ele! Uma vez eu ganhei uma caneta-tinteiro numa rifa e fiquei a noite toda acordada, olhando pra ela, morrendo de medo que me roubassem.

THELMA – Que idade você tinha?

Zu – Uns onze, acho.

THELMA – Se com onze anos eu ganhasse um troféu, também ia dormir agarrada com ele.

Zu – Era o meu sonho! Quando eu acabei o curso primário, minha mãe prometeu que ia me dar uma, mas não deu.

THELMA – Mãe adora prometer e não cumprir!

Zu – Ela não tinha mesmo dinheiro pra dar, coitada! (*Volta a lembrar*) E uma semana depois, numa festa na escola, eu comprei uma rifa e ganhei! Uma Parker!

Thelma — (*Mostra o vaso com o arranjo de rosas*) O que é que você acha?

Zu — Lindo! A senhora tem um jeito pra arrumar! Olha o meu, que lixo!

Thelma — Tem que separar um pouquinho mais, assim... Viu? O teatro ajuda a gente a cuidar da aparência das coisas! Não importa que seja falso, tem que parecer verdadeiro! Nem que seja feio, tem que passar por bonito. Não vê minhas roupas?

Zu — A senhora tem roupas lindas, caras, finíssimas!

Thelma — Parecem lindas. Parecem caras. Parecem finais.

AINDA MEXE NAS FLORES, DÁ UMA AJEITADA NO VASO MAL ARRUMADO DE ZU, OLHA DE LONGE.

Thelma — Sabe qual era o meu sonho aos onze anos? Um quarto de estudos. Estante com livros, uma escrivaninha, uma vitrola pra ouvir minhas músicas... e muitas flâmulas nas paredes: de clubes, de universidades. Vi um quarto assim num filme da Judy Garland, e nunca mais me saiu da cabeça.

Zu — Que nem eu com a caneta-tinteiro!

Thelma — Nós morávamos numa casa imensa, com muitos quartos. Só nós três: eu, meu pai e minha mãe. E a casa era grande mesmo, você tinha que ver. Era engraçado porque as pessoas estranhavam que a gente morasse numa casa tão grande, morriam de curiosidade de conhecer, de abrir as portas, olhar os quartos. E é claro que, além da sala, que era bem arrumada, o resto ou estava vazio ou estava em desordem, com móveis simples, de estilos misturados. Então minha mãe só mostrava os cômodos vazios, porque para esses ela tinha sonhos mirabolantes. O orgulho dela era a casa, a casa em si, e o que ela pretendia fazer. Entende? Depois fiquei sabendo que ela tinha vivido muito tempo num quarto alugado, sem direito ao resto da casa.

Zu — Eu morei dois anos numa pensão, quando era pequena.

Thelma — Então, quando recebíamos visitas... gente ali mesmo do bairro ou conhecidos do meu pai... enfim: qualquer pessoa! Quando aparecia alguém, minha mãe percorria a casa toda, acompanhando a visita, e eu ia atrás dela — eu era pequena —, e eu sabia de cor tudo que ela ia falar. Se ela fosse uma atriz, eu podia ser o "ponto", soprar tudo pra ela, se ela esquecesse o texto. O caminho era sempre o mesmo: saíamos da sala, pegávamos o corredor com algumas imitações de Rugendas nas paredes, um consolezinho com porta-retratos, toalhinhas de renda... E aí minha mãe passava pela cozinha, como se fosse por acaso, mas não era. É que lá as coisas também estavam sempre arrumadas: armários brancos, três cadeiras de palhinha e uma mesinha redonda... Parece que eu estou vendo! Ela abria a porta e dizia: "Ah, acabamos na copa!" Ela não falava cozinha. "Aproveito pra tomar um copo d'água. Quer água, minha querida, ou prefere um suco de laranja?" Ela repetia sempre essa cena, eu ali atrás, olhando, sabendo tudo aquilo de cor. E eu percebia que minha mãe me olhava com uma certa impaciência. Acho que ficava incomodada com a minha presença... até certo ponto... crítica. Mas eu juro que não estava ali pra criticar. O que eu queria era acompanhar, fazer o trajeto e esperar que ela passasse por um quarto vazio, muito limpo, com a pintura renovada, portas brancas, um armário de treliça, frisos cor-de-rosa no teto... Uma graça! E ali então, naquele cômodo vazio, minha mãe sempre dizia: "Aqui eu vou fazer um quarto de estudos pra Thelma, assim que ela ficar maiorzinha..." E eu sonhava com o quarto, acreditava nele, porque ela dizia isso pra todo mundo! Eu mesma, quando andava pela casa com alguma amiguinha, eu mesma repetia: "Aqui minha mãe vai fazer um quarto de estudos pra mim, assim que eu ficar maiorzinha".Eu mesma fazia o teatro, sem saber que era teatro! E o tal quarto... nunca saiu! (*Tempo*) Quando ela morreu, eu me tranquei lá dentro e chorei o dia inteiro. Não chorava a mãe morta, mas a morte do quarto de estudos. A morte do meu primeiro sonho.

PAUSA. ZU QUER CONTEMPORIZAR.

Zu – Vai ver ela queria e não podia, como minha mãe.

Thelma – É. Pode ser. Os pais nunca devem mexer com a imaginação das crianças. Nem mentir nunca.

THELMA ACENDE UM CIGARRO.

Zu — A senhora disse que ia parar de fumar. E falou pro doutor Vaisman, falou que tinha parado, eu ouvi!

THELMA — E repito: vou parar de fumar. (*Solta uma baforada longa*) Um dia.

Zu — Quem fuma, acaba morrendo cedo.

THELMA — Eu já não corro o risco de morrer cedo, Zu. (*Aleatoriamente*) "Não se pode morrer na metade do quinto ato."

Zu — Ahm?

THELMA — Ibsen. "Peer Gynt". (*Corta rápido*) Zu: sabe quem é que morre cedo? Quem morre às seis da manhã!

E CORTA OUTRA VEZ, PEGANDO OS TELEGRAMAS E CARTÕES DE CIMA DA MESA.

THELMA — Vou levar isto tudo lá pro meu quarto. Depois leio com calma e agradeço. Não pensei que esse prêmio fosse tão importante! Quando a gente mais precisa... pra se sentir motivada, ninguém se lembra de dar.

TOQUE DO INTERFONE NA COZINHA.

Zu — Agora tem que ser o meu troféu!

E SAI PARA ATENDER. THELMA VAI LEVANDO OS CARTÕES E OS TELEGRAMAS PARA O SEU QUARTO, QUANDO ZU VOLTA, ANSIOSÍSSIMA.

Zu – É ele. O porteiro disse que chegaram mais telegramas, e que vai mandar pelo motorista. Olha a minha mão como está gelada. Emoção!

Thelma – Você vai direto pro céu, Zu!

VAI SAINDO, MAS VOLTA-SE, INTRIGADA E CARENTE.

Thelma – Você acha que esse motorista vai querer me ver de perto... na luz? Essa gente às vezes gosta de ver artista no claro, ao natural. Põe uma água no fogo pra fazer um chá.

Zu – Acho que a senhora não deve receber motorista nenhum! Essa gente é muito confiada. Deixa que eu resolvo, dou uma gorjeta e despacho.

Thelma – Que é isso, menina? Faz o homem entrar. Ele está sendo gentil. Eu enfio um "robe" e mato a curiosidade dele. Assim ele chega em casa e fala pra mulher: "Sabe que aquela artista velhota é mais bonita do que eu pensava?"

E SAI, RINDO COM AMARGURA. TOQUE DE CAMPAINHA. ZU VAI ATENDER.
ENTRA PLÍNIO FRANCO. ROSTO CANSADO, ROUPA MOLHADA E AMASSADA. CARREGA

VÁRIAS COISAS, DESAJEITAMENTE: O TROFÉU; UM MAÇO DE FLORES DO CAMPO, JÁ MURCHAS; UMA MALETA PEQUENA DE VIAGEM; VÁRIOS TELEGRAMAS E UM GUARDA-CHUVA QUE FICA PINGANDO SOBRE O TAPETE. ZU TENTA AJUDÁ-LO, MAS OS TELEGRAMAS E AS FLORES CAEM NO CHÃO. UMA CENA CÔMICA, EM QUE ZU TENTA PEGAR O TROFÉU DA MÃO DELE, MAS QUE ELE NÃO LARGA DE JEITO NENHUM.

Plínio – Põe este guarda-chuva em algum lugar, que eu estou molhando todo o tapete.

Zu – Deixa que eu seguro o troféu.

Plínio – O troféu eu faço questão de dar nas mãos dela. Pega o resto.

Zu – Quanto trabalho demos pro senhor.

PLÍNIO COMEÇA A ESPIRRAR REPETIDAS VEZES.

Plínio – Me arruma uma toalha pra enxugar pelo menos a cabeça. E uma dose de uísque também. Estou com medo de pegar uma gripe.

ZU DESCONFIADA E TAMBÉM TEMEROSA. NUNCA VIU UM MOTORISTA DE TÁXI TÃO DESEMBARAÇADO.

Zu – Whisky? Olha, sabe o que eu acho? Eu acho que

seria melhor o senhor deixar tudo aqui, direitinho... ir pra sua casinha, trocar de roupa, tomar um chá com uma aspirina e dormir! Amanhã vai estar outro! Ah, tenho que pagar a corrida do táxi, claro, e também fazemos questão que aceite uma... uma cervejinha. O senhor foi muito gentil, não pode sair perdendo. E tem mais: vou pedir pra dona Thelma ligar lá pra Central e elogiar o senhor. Ah, ela vai fazer isso com grande prazer. É uma pessoa boa e justa.

ELE PERCEBE A CONFUSÃO, VAI DESFAZER O EQUÍVOCO, MAS RESOLVE LEVAR A BRINCADEIRA ADIANTE, CONTINUAR COM O TEATRO, NÃO FOSSE ELE CRÍTICO TEATRAL.

PLÍNIO – Olha pra mim: cansado, molhado, amassado. Acha que estou com uma boa aparência pra motorista de táxi?

ZU – Bem, o senhor está um motorista de táxi... cansado, molhado e amassado. (*Olha-o com mais atenção*) Só acho que... Não vai se ofender, hein? Acho que na sua idade já não devia trabalhar à noite. Principalmente com um tempo assim. Tinha que fazer o turno do dia. Conheço colegas seus lá na Central, metade da idade do senhor – acho que até menos –, e que trabalham de dia. Pegam às seis da manhã e largam às seis da tarde.

PLÍNIO – É uma boa idéia.

ESPIRRA MAIS VEZES. ZU SE AFASTA, COM MEDO DE SER CONTAMINADA. FALA COM ELE COMO SE FALASSE COM UMA CRIANÇA.

Zu – Faz o que eu estou dizendo: vai pra casa direitinho e tira essa roupa. Olha: vou dar pro senhor o dobro da corrida.

E PEGA NA BOLSA DE THELMA.

Plínio – Como é que eu vou cobrar de uma atriz, uma prosaica corrida de táxi? Quem é que você pensa que eu sou? Um mercenário? Sou um grande admirador de Thelma Cordeiro. O maior de todos, talvez.

APROXIMA-SE DELA, MISTERIOSO E INTENSO. ELA ATÉ RECUA, UM POUCO AMEDRONTADA.

Plínio – Sou um motorista de táxi apaixonado por teatro. Sabe que vi todas as peças que ela fez? E da primeira fila?

Zu – Gosta tanto dela assim?

Plínio – Tenho paixão. Adivinha o que eu tenho nesta maleta?

ELA ESTÁ MEDROSA, DESCONFIADA, MAS TAMBÉM SEDUZIDA POR ELE.

Zu – Não sei não senhor.

Plínio – Uma arma. Sou um homem de paixões violentas. Se um dia sua patroa precisar de alguém pra defendê-la... vai poder contar comigo e com a minha arma. Quer ver?

Zu – (*Apavorada*) Não senhor!

Plínio – É uma simples metralhadora: mil e seiscentos tiros por minuto.

Zu – Por favor: o senhor nem tire uma arma dessas aqui na sala, que pode assustar dona Thelma. Ela anda um pouco adoentada, nervosa, pode piorar.

ELE PEGA NA GARRAFA DE UÍSQUE QUE THELMA GANHOU DE PRESENTE E QUE PERMANECE EM CIMA DA MESA. VAI ABRINDO E FALANDO.

Plínio – Então me vê rápido a toalha e um copo, que se eu não tomar uma dose agora, começo a tremer e talvez perca a cabeça!

Zu – Pelo amor de Deus!

Plínio – E dá uma apressada na artista. Onde é que ela está?

Zu – Tá lá dentro.

Plínio – Eu mesmo vou chamar. É por aqui?

E FAZ MENÇÃO DE IR EM DIREÇÃO AOS QUARTOS. ZU COLOCA-SE ENTRE ELE E A PORTA, APAVORADA E SURPRESA.

Zu — Que é isso, senhor? Olha: ela foi se arrumar um pouco... Não gosta de aparecer de qualquer jeito, entende? Sem maquiagem, sem... Bem, é vaidosa... ainda. E mesmo o senhor sendo um motorista de táxi, ela quis se produzir um pouco.

A VOZ DE THELMA VEM LÁ DE DENTRO. UMA VOZ TEATRAL, DE QUEM SABE QUE ESTÁ SENDO OUVIDA POR UM ADMIRADOR ANÔNIMO.

Thelma — Zu, minha querida: botou a água no fogo?

Zu — (Gritando) Vou pôr agora! Vem logo!

Thelma — Já estou indo. Faça o moço sentar, queridinha.

OLHAM-SE. ELE SORRI.

Zu — (Rápida) Pronto, ela vem vindo!

E SAI CORRENDO EM DIREÇÃO À COZINHA, TROPEÇANDO NUMA CADEIRA. PLÍNIO RI. AS LUZES PISCAM, AMEAÇANDO UM BLECAUTE. THELMA APARECE. ELA SE PRODUZIU MAIS DO QUE PODÍAMOS IMAGINAR. E VESTE UM "ROBE" SOBRE O PIJAMA. ENTRA COM UM SORRISO PROFISSIONAL E CHEIO DE CHAR-

ME. PLÍNIO, PROPOSITADAMENTE, ESTÁ DE COSTAS PARA ELA.

Thelma – O senhor me desculpe pela demora, mas precisei de um bom banho depois dessa chuva toda! Pelo jeito, vamos ficar sem luz. Mas que é isso? Está esperando de pé? Essa menina vive com a cabeça na lua! Sente-se, por favor.

PLÍNIO VIRA-SE AGORA.

Thelma – Plínio!

Plínio – Eu mesmo.

Thelma – Mas... o que é que você está fazendo aqui?

Plínio – (*Erguendo o troféu*) Vim entregar. Pessoalmente.

Thelma – (*Confusa*) Mas como é que...

Plínio – (*Teatral*) Um golpe do destino. Uma fatalidade.

Thelma – Você está todo molhado! Vai pegar uma gripe, uma pneumonia!

ELE VOLTA A ESPIRRAR VÁRIAS VEZES.

Plínio – Já peguei. Posso tirar pelo menos o paletó?

Thelma – Claro, claro!

ELE TIRA O PALETÓ. ZU PÁRA JUNTO À PORTA, PERPLEXA DIANTE DA CENA. THELMA SE IMPACIENTA.

Thelma — Quer passar, passa, Zu, não fica aí parada, que nem boba.

Zu — (*Muito confusa*) A bandeja, vim pegar a bandeja. Com licença.

ATRAVESSA A SALA, TROPEÇANDO MAIS UMA VEZ, PEGA UMA BANDEJA E VOLTA A SAIR, DESCONFIADÍSSIMA DE TUDO. THELMA ACENDE UM CIGARRO, NERVOSA E EM GUARDA.

Thelma — Eu sempre fui péssima pra decifrar charadas. Implico com qualquer tipo de suspense, mistérios, essas coisas!

Plínio — Nenhum mistério, Thelma. Eu explico: fui convidado pra entregar o seu troféu. Não pude chegar a tempo, não tinha teto — por causa da chuva...

Thelma — (*Impaciente*) Até aí eu sei. Mas como é que você...? Eu esqueci esse troféu num táxi!

Plínio — Chego lá, calma. Só consegui pegar um avião quando a festa já tinha terminado. Achei que seria gentil vir até aqui pra te dar um abraço, te cumprimentar pelo prêmio. Pessoalmente. Vim direto do aeroporto. E ainda foi um custo conseguir seu endereço.

THELMA – Mas... e o troféu?

PLÍNIO – Quando cheguei aqui, encontrei um motorista de táxi lá embaixo, na portaria, que me contou que você tinha esquecido o troféu no carro dele, etc., e eu então me prontifiquei a entregar... já que eu ia subir mesmo... É isso.

THELMA – (*Mal controlando sua irritação*) Não tinha o direito de fazer isso! O homem foi gentil, queria subir, me conhecer. Eu ia até dar uma gratificação pra ele...

PLÍNIO – Eu dei! E ele não queria te conhecer, me deu o troféu na mesma hora, pegou o dinheiro e foi à luta, que quando chove o movimento aumenta.

ELA FICA SEM GRAÇA, DESAPONTADA.

PLÍNIO – Puxa, se eu te incomodo, me desculpe, eu vou embora!

E PEGA NO PALETÓ.

THELMA – Espera. Desculpe, mas é que eu não estava esperando receber visita nenhuma, menos ainda você. Então foi uma surpresa. Estava esperando apenas um motorista de táxi, entende?

PLÍNIO – E se produziu assim, se pintou... tudo pra receber um motorista de táxi?

Thelma — Não me arrumei coisa nenhuma! Estou sempre assim em casa! O que é que você queria? Que eu recebesse o homem, suja e esfarrapada, só por que é um motorista de táxi?

Plínio — Calma, fiz apenas uma observação!

Thelma — Crítico é crítico. Não tem jeito!

ZU ENTRA COM BANDEJA COM CHÁ, DUAS XÍCARAS E UNS BISCOITINHOS. FICA OLHANDO DE UM PRO OUTRO, ATARANTADA.

Thelma — Deixa aí, eu mesmo sirvo.

ZU OBEDECE E JÁ VAI SAINDO.

Plínio — (*Para Thelma*) Será que pode me conseguir uma toalha e uma dose de uísque. Quem sabe assim eu vivo mais alguns anos?

ZU ESTREMECE E THELMA HESITA POR ALGUNS SEGUNDOS APENAS.

Thelma — Vê uma toalha, Zu.

Plínio — (*Rápido, mostrando a garrafa de uísque*) E um copo!

ZU CONSULTA THELMA COM OS OLHOS.

Thelma — E o copo, Zu, vamos!

Zu — Sim senhora. (*Baixo*) A senhora tá fumando outra vez?

Thelma — (*Irritada*) Um copo, Zu!

ZU COLOCA UM COPO EM CIMA DA MESA E TAMBÉM TRAZ UMA TOALHA, SAINDO EM SEGUIDA. PLÍNIO COMEÇA A ENXUGAR A CABEÇA, AO MESMO TEMPO QUE COLOCA NO COPO UMA GENEROSA DOSE DE UÍSQUE. THELMA ESTÁ POUCO À VONTADE. APAGA O CIGARRO E ACENDE OUTRO, NERVOSA. PEGA OS TELEGRAMAS QUE PLÍNIO TROUXE. TEM AS MÃOS TRÊMULAS, ESTÁ INSEGURA.

Thelma — É. Ainda se lembram de mim. Não posso negar que isso me deixa feliz.

Plínio — Todo mundo quer muito bem a você.

Thelma — (*Formal*) Gentileza sua. Obrigada. (*Vai pondo os telegramas abertos de lado, enquanto passa os olhos*) Parabéns merecido prêmio / parabéns merecido prêmio / parabéns merecido prêmio. Que imaginação! Parabéns merecido prêmio é o equivalente a sinceras condolências e sentidos pêsames, não é?

Plínio — E também a "que esta data se repita por muitos e muitos anos".

Thelma — Este aqui é diferente. "Parabéns, grande atriz, grande amiga, grande cliente!" Do gerente do

Citibank! (*Ri*) Grande cliente! Pensei até que a minha conta estivesse encerrada! (*Abre outro*) Parabéns e respeitosos cumprimentos... (*Pára e olha Plínio*) Do governador e excelentíssima senhora. E eu nem votei nele na última eleição.

Plínio – Está contando com você na próxima.

ZU RETORNA EM SILÊNCIO E FICA OLHANDO O TROFÉU QUE PARECE ESQUECIDO SOBRE A MESA.

Thelma – O que foi, Zu? O que é que deu em você, de repente?

Zu – (*Aponta o troféu*) É que eu queria segurar um pouco o troféu.

Thelma – Pois então pega, leva ele daqui! É seu mesmo!

QUANDO ZU VAI PEGAR, PLÍNIO NÃO DEIXA.

Thelma – Dá esse negócio pra ela!

Plínio – (*Sempre com uma ponta de ironia*) Ah, não! Primeiro quero fazer uma entrega solene. É como eu disse: uma armação do destino me trouxe até aqui pra te entregar este troféu pessoalmente!

Thelma – Que bobagem é essa? Dá o troféu pra ela!

E THELMA TENTA PEGAR O TROFÉU QUE ELE SEGURA COM FORÇA. QUASE LUTAM, DIANTE DA PERPLEXIDADE E DO PAVOR DE ZU.

Zu – Eu vou chamar o porteiro!

Thelma – Vai chamar porteiro coisa nenhuma, Zu! (*Para Plínio*) Tudo bem, desisto, pode ficar com o troféu.

AFASTA-SE, DANDO AS COSTAS A PLÍNIO, QUE RELAXA. AÍ, NUM GOLPE RÁPIDO, TEATRAL, THELMA ARREBATA O TROFÉU DAS MÃOS DELE. RI, VITORIOSA, COMO UMA CRIANÇA QUE GANHASSE NUM JOGO.

Thelma – Ah, pensa que é muito esperto, hein? Mas eu sou mais! Sempre fui! (*Rindo*) Imprevisível, invencível!

Plínio – Intragável!

ELE TENTA FAZER O MESMO JOGO, AFASTANDO-SE E VOLTANDO-SE RAPIDAMENTE, QUERENDO RETOMAR O TROFÉU, MAS THELMA CORRE EM VOLTA DA MESA, ADORANDO A BRINCADEIRA. ZU ESTÁ LITERALMENTE BOQUIABERTA. ELES BRINCAM UM POUCO DE GATO E RATO, AMBOS RINDO, MAS COM ALGUMA CRUELDADE NESSE RISO. ATÉ QUE ELE CONSEGUE SEGURAR THELMA, MAS ELA ARREMESSA O TROFÉU PRA ZU, COMO SE FOSSE UMA BOLA DE BASQUETE.

Thelma — Pega, Zu!

ZU PEGA, É CERCADA POR PLÍNIO, REINICIANDO O JOGO, JÁ RINDO TAMBÉM, ENLOUQUECIDA. MAS THELMA VEM POR TRÁS DELE, SEGURANDO-O, VITORIOSA.

Thelma — Corre, Zu, foge!

E ZU DESAPARECE COM O TROFÉU, ENTRE ASSUSTADA E PASMA. PLÍNIO E THELMA ESTÃO EXAUSTOS, RESPIRANDO COM DIFICULDADE, PELO ESFORÇO QUE FIZERAM. MAS OLHAM-SE E RIEM DA MOLECAGEM.

Plínio — Pensei que você estivesse em melhor forma!

Thelma — Estou melhor do que você!

Plínio — Sabe que eu ainda caminho quatro quilômetros por dia?

Thelma — Odeio andar, odeio ginástica, esporte. Sol! O sol acaba com a pele da gente, sabia? Uma atriz não pode tomar sol! Por mim, vivia em cima de uma cadeira de rodas, num quarto escuro! Só saía pra ir pro teatro!

Plínio — Uma ginástica ia te fazer bem.

Thelma — Você também não tem cara de esportista!

PLÍNIO — Faço dez flexões todas as manhãs.

THELMA — E o seu coração?

PLÍNIO — Tenho um coração de adolescente.

THELMA — Você é safenado, pensa que eu não sei?

PLÍNIO — Por isso mesmo! Artérias novas, coração novo. Melhor que o antigo!

ENQUANTO ELE SE SE SERVE DE MAIS UÍSQUE, ELA O OLHA E O EXAMINA ATENTAMENTE.

THELMA — Se eu soubesse que você era assim, tão engraçado, já tinha te convidado pra vir aqui.

PLÍNIO — Estava pensando nisso, quando entrei. Te conheço há tantos anos e nunca te visitei.

THELMA — Atriz convidar crítico fica sempre parecendo bajulação. Uma vez eu pensei em te chamar, era uma reunião com toda a classe.... Uma daquelas reuniões pra assinar manifesto, protestar contra alguma coisa, você sabe!

PLÍNIO — E por que não me convidou?

THELMA — Alguém me disse, não me lembro quem foi, que você estava bebendo demais.. e que quando ia em alguma reunião, ficava agressivo e muito chato! E que também passava mal, vomitava em cima dos outros... (*Falou isso tudo com um certo prazer*) Não me lembro mesmo quem foi que disse isso.

Plínio – Algum amigo meu!

ELA FINGE QUE SE PREOCUPA.

Thelma – Desculpe, não quis te ofender, falei assim, sem querer.

Plínio – Não me ofendeu, não, fica sossegada.

SILÊNCIO. CLARO QUE A OBSERVAÇÃO FOI MUITO CRUEL E QUE ELE SENTIU A PANCADA. ELA FINGE VER AS FLORES DO CAMPO SÓ AGORA E EXAGERA NA EXCLAMAÇÃO, AFETADA, TEATRAL.

Thelma – Essas eu não tinha visto! Adoro flores do campo. São tão singelas! Quem será que mandou?

Plínio – São minhas, pra você.

Thelma – Jura, Plínio? Que bom gosto! Obrigada!

Plínio – Estavam bonitas quando eu comprei, mas a chuva...

Thelma – Elas ressuscitam, você vai ver. (*Chama junto à porta*) Zu! Vê se tem um outro vaso aí dentro e traz! (*Para ele*) O implacável crítico, o temível demolidor, trazendo flores do campo para uma atriz. Fico até emocionada!

Plínio – Eu já não faço crítica há muito tempo. Estou aposentado, você sabe. De qualquer maneira, posso te garantir uma coisa: é a primeira vez que eu dou flores a uma atriz.

ZU ENTRA COM UM VASO, MANTENDO O TROFÉU NUMA DAS MÃOS, APERTADO CONTRA O PEITO. PLÍNIO AMEAÇA, DE BRINCADEIRA, RETOMAR O TROFÉU. ZU SAI CORRENDO DA SALA, ASSUSTADA. THELMA VAI ARRUMANDO AS FLORES DO CAMPO.

Thelma – Sabe quem me ligou um pouco antes de você chegar?

Plínio – Quem?

Thelma – O Nil.

Plínio – Que Nil?

Thelma – Você tem que lembrar! Um dos poucos que você elogiou! E ele, coitado, nunca mais esqueceu disso, ainda comentou comigo noutro dia.

Plínio – (*Não identificando*) Nil...? Nil... de quê?

Thelma – Nil é apelido, não é, Plínio? O nome dele é Nilton Varela.

PLÍNIO – Fiquei na mesma.

THELMA – Aquele rapaz que fez o Hamlet, do Testoni, no Teatro Apolo, não lembra?

PLÍNIO – Vagamente. (*Num esforço*) É. Lembro. (*Estranhando*) Pensei que ele tivesse morrido.

THELMA – (*Ela bate três vezes na madeira*) Não. Está vivo. Graças a Deus!

PLÍNIO – Alguém me disse que ele estava com Aids.

THELMA – É. É verdade. Aids. Está no hospital. E vai sair de lá, vivo, se Deus quiser! (*Mais baixo*) Como eu gostaria de acreditar de verdade nisso!

PLÍNIO – Por que foi lembrar disso agora?

THELMA – Justamente porque você elogiou o trabalho dele.

PLÍNIO – Pelo menos não vou sentir remorso. Tantos atores morrem me odiando.

THELMA – O pior pra você, imagino eu, é saber que muitos atores vivem te odiando!

PLÍNIO – Ah, um crítico, seja do que for, não espera amor de ninguém. Os artistas não gostam da verdade.

PAUSA INCÔMODA. ZU REAPARECE, SEMPRE ASSUSTADA, TROFÉU NA MÃO.

Thelma – Pronto, Zu, leva lá pra dentro, molha e deixa em cima da máquina de lavar, na área de serviço. Amanhã vão estar bonitas.

Zu – Sim senhora.

PEGA AS FLORES E SAI, SEMPRE OLHANDO PLÍNIO COM ESTRANHEZA.

Thelma – Nunca vi essa menina desse jeito. Você fez alguma coisa, falou alguma coisa pra ela, quando chegou?

Plínio – É que ela pensa que eu sou o motorista de táxi. Não contei pra ela a história toda.

THELMA DEMORA UM SEGUNDO PARA ENTENDER. DEPOIS DÁ UMA SONORA GARGALHADA. ELE TAMBÉM RI E SE SERVE DE MAIS UÍSQUE.

Thelma – Claro que ela tem que estar assustada, não é? Deve estar me achando louca!

Plínio – Falei pra ela que tenho uma metralhadora nesta maleta!

Thelma – (*Se divertindo*) Coitada da menina! Judiação!

Plínio – E que sou capaz de matar qualquer pessoa que tente prejudicar você!

Thelma – Você terá que se suicidar, então, porque ninguém me prejudicou mais do que você, em toda a minha vida!

Plínio – Ah, outra vez essa história?

Thelma – Desculpe, não quero falar mais nesse assunto. (*Volta a rir, cortando a tensão*) É uma situação típica de "vaudeville"! Aqueles equívocos de Feydeau!

Plínio – Verneuil!

Thelma – André Roussin!

Plínio – Sempre preferi o refinamento de Coward!

Thelma – Que sofisticado que você é! (*Lembra, nostálgica, charmosa, teatral*) Ah, Noel Coward! "Uma Mulher do Outro Mundo"!

Plínio – (*Pedante, com pronúncia impecável*) "Blithe Spirit"! Você fazia Ruth!

Thelma – Elvira!

Plínio – Puxa, tenho certeza que você fazia Ruth!

Thelma – Até isso você quer saber melhor do que eu?

Plínio – Pode ser, mas... em "Blithe Spirit" o papel pra você é o da Ruth.

Thelma – Meu Deus, vai me criticar 25 anos depois?

Plínio – Desculpe. Nem vi esse trabalho. Um dos poucos que perdi.

Thelma – Perdeu mesmo. Fazia o papel genialmente! (*E já corta, rindo*) Uma noite, naquela cena em que o espírito de Elvira aparece pela primeira vez, levei um tombo, um tombo tão violento... que tivemos que fechar o pano por quinze minutos, pedir desculpas ao público e depois recomeçar. (*Nostálgica*) Bons tempos, que não voltam mais!

Plínio – Ah, as coisas boas não voltam, está certo, é uma pena, mas as más também não! É um consolo!

Thelma – É. É um consolo.

ELE SE SERVE DE MAIS UÍSQUE.

Thelma – Põe uma dose pra mim. Vou te acompanhar. Pode ser aqui mesmo, nesta xícara de chá. Está limpinha.

Plínio – (*Condenando*) Uísque como se fosse chá!

Thelma – Ora, e no teatro não tomamos chá como se fosse uísque?

ZU REAPARECE.

Zu — Posso levar a bandeja?

Thelma — Pode.

Plínio — Espera. Deixa uma xícara aqui.

ELE PEGA UMA DAS XÍCARAS E SERVE THELMA DE UÍSQUE. ZU MAIS PERPLEXA AINDA, SE POSSÍVEL. PLÍNIO VIRA-SE PARA THELMA, BEM TEATRAL, A FIM DE IMPRESSIONAR ZU.

Plínio — A senhora é a melhor freguesa que entrou no meu táxi, nesses trinta e cinco anos de trabalho na praça!

Thelma — (*Coadjuvando*) Muito gentil da sua parte.

Zu — (*Estranhando sempre*) Com licença. (*Baixo, censurando*) Bebendo também, dona Thelma?! Tem dó!

Plínio — Deixa mostrar pra senhora a metralhadora que está à sua disposição, pro que der e vier. Posso até fazer uma demonstração!

Zu — (*Baixo, nervosa*) Deus que me perdoe!

E VOLTA A SAIR, QUASE CORRENDO.

Thelma — Coitada! Deixa eu falar pra ela quem você é.

PLÍNIO – Ah, não! Como no teatro! As soluções ficam para o fim!

THELMA – (*Ri, mais animada*) Põe mais um golinho aqui.

ELE COLOCA UÍSQUE NA XÍCARA DELA.

THELMA – É, você é mesmo bastante divertido! Nunca pensei! Sempre tão arrogante e amargo nas críticas!

PLÍNIO – Você disse que não ia mais falar nesse assunto!

THELMA – Tudo bem! (*Corta*) O que é que você anda fazendo, profissionalmente?

PLÍNIO – Umas traduções. Dou aulas também num curso de teatro. Nada de muito estimulante, mas dá pra ir levando…

THELMA – Jornal – nunca mais?

PLÍNIO – Nunca mais eu não digo nunca mais. Já voltei a fazer coisas que… Bem, agora, mesmo que eu quisesse, sabe como é: tem uma garotada aí que critica tudo. Peças, exposições de pintura, cinema, livros, televisão e até padarias. O pão de um bairro é melhor que o do outro, etc., etc. Sai mais barato pros jornais ter esses estagiários cobrindo qualquer coisa.

ESTÁ POUCO À VONTADE, FALANDO DISSO. ELA NÃO PARECE ACREDITAR NAS RAZÕES DELE.

THELMA – É. Interessante.

NOVO SILÊNCIO INCÔMODO. ELE PERCEBE QUE ELA ESTÁ TRIPUDIANDO E DÁ O TROCO.

PLÍNIO – E você? Sua vida profissional, como é que vai?

ELA TEM UM ESTREMECIMENTO SÚBITO E VOLTA A FICAR EM GUARDA, AGITADA.

THELMA – Como é que vai, como?

PLÍNIO – (*Ele saboreia*) Quando é que volta ao teatro?

THELMA – (*Acende outro cigarro*) Ah, não tenho gostado de nada do que me oferecem! Caiu muito o nível!

PLÍNIO – Mas... por que esperar que te ofereçam alguma coisa? Sempre produziu seus espetáculos!

THELMA – (*Ri, nervosa*) Produzir? numa época como esta? Tá maluco! Agora só entro em cena com salário corrigido e percentagem na bilheteria! Não dá mais pra bancar coisa nenhuma neste país!

PAUSA INCÔMODA. MEDEM-SE, DE SOSLAIO.

THELMA – Estou dando um tempo – é até bom. Me reciclando, como dizem os jovens. Lendo, ouvindo música e talvez ainda faça uma viagem antes de voltar ao palco. Não tenho pressa! Quero ler muitas peças. Não quero remontar nada, entende? Alguma coisa nova, de autor novo, mas que seja estimulante, que tenha um papel à altura do... do meu... da minha experiência! e que não tenha tantos palavrões! O teatro precisa restaurar a delicadeza! Redescobrir a palavra. Falar sobre o amor, o prazer e mesmo o sexo, mas não da maneira vulgar que estão fazendo! Não é fácil! Leio tudo que me mandam, que me recomendam e não encontro nada que me prenda, que me emocione, que me pegue pelo coração! Você sabe como é: se leio um texto bom, bom de verdade, eu me comovo, esquento como uma labareda! Não me cai nas mãos nada assim! Se você tiver alguma coisa pra me sugerir...

PLÍNIO – Não leio nada novo. Só releio. Assim não perco tempo. Mas se aparecer alguma coisa...

THELMA – Não quero muito texto, entende? Aquelas peças de duas horas e meia, três horas! Não. Uma coisa mais carregada de intenções, onde a emoção de um olhar, de um gesto, tenha mais importância do que uma dúzia de páginas cheias de palavras, palavras, palavras... Porque se é pra entrar no palco e despejar um longo texto de escritor novato, então prefiro fazer um Pirandello, um Ibsen – onde se fala muito, mas não se diz bobagem! Ando muito preguiçosa pra decorar calhamaços!

DURANTE ESSE TEXTO, QUE ELA DISSE DE MANEIRA AGITADA, PLÍNIO FICOU OLHANDO PRA ELA, EM SILÊNCIO, MAS UM SILÊNCIO INCÔMODO. ELA PERCEBE E CHEGA A LE-VANTAR-SE, A ANDAR DE UM LADO PRO OUTRO,

PRA FUGIR DAQUELE OLHAR. SERVE-SE ELA MESMA DE MAIS UM UÍSQUE, NA XÍCARA. AS MÃOS UM POUCO TRÊMULAS. TOCA O TELEFONE E ELA ATENDE COMO SE FOSSE SUA SALVAÇÃO.

THELMA – Alô. É. Oi, Sérgio, como vai? Obrigada. Também adorei o uísque. Quer me ver bêbada, hein? Sua mulher continua bebendo muito? (*Ri*) Você sempre gostou das carentes, não é? (*Ri*) Pois é. Tudo bem. Sabe o que eu sinto? que esse prêmio tem cheiro de consciência pesada. Não me deram todos que eu merecia, quando estava trabalhando permanentemente. Como dei uma parada... (*E olha ostensivamente para Plínio*) É isso. Apareça, sim, vem qualquer noite dessas. Mas traz seu uísque – que você é de levar uma destilaria à falência! (*Levanta a garrafa de uísque que Plínio já deixou pela metade*) Ah, este que você mandou não vai poder esperar a sua visita! Está bem. Obrigada. Pra você também.

DESLIGA E COLOCA MAIS UMA PEQUENA DOSE NA SUA XÍCARA.

THELMA – Sempre que um ex-marido me procura muito, manda presente, essas coisas, fico insegura. O que será isso? Acho que é medo de que eles voltem!

PLÍNIO – O Sérgio é mais ou menos do meu tamanho, se é que eu me lembro bem.

THELMA – (*Estranhando*) E daí?

Plínio — Será que você não tem aí uma calça dele pra me emprestar? Eu devolvo amanhã.

Thelma — Está brincando!?

Plínio — Um par de sapatos então seria genial! Porque o pior são os pés molhados.

Thelma — Nem cheiro dos meus maridos você vai encontrar nesta casa! Nada! O que eles não levaram, eu queimei!

Plínio — Numa hora dessas é uma pena que você tenha sido tão radical!

Thelma — Aqui, se você quiser trocar de roupa, vai ter que se enfiar num "tailleur"!

Plínio — Deixa ver o que eu tenho aqui pra me salvar de uma pneumonia fatal!

ABRE A MALETA DE VIAGEM, ENQUANTO A CENA PROSSEGUE. NA MALETA ELE CARREGA UM PIJAMA, UMA CAMISA, LENÇOS, MEIAS E CUECAS. HÁ TAMBÉM ESCOVA DE DENTES, DE CABELO, UM VIDRO DE ÁGUA-DE-COLÔNIA, APARELHO DE BARBEAR, UM LIVRO, ETC.

Plínio — Numa viagem de vinte e quatro horas isto é suficiente: camisa, cueca, meias... E um pijama! Será que eu posso trocar a camisa e as meias, pelo menos?

THELMA – Você não acha melhor ir pra sua casa, não?

A PERGUNTA É TÃO AGRESSIVA, QUE ELA MESMA SE DÁ CONTA E SE ARREPENDE.

THELMA – Desculpe. (*Ri*) É que eu me lembrei daquela história, uma peça de teatro ou um filme, não sei, em que o sujeito fica doente na casa da ex-mulher e então... ela não tem como despachá-lo e chama um médico... oferece um quarto, um lugar à mesa... e ele vai ficando, ficando.... Um dia, dois, três dias... e depois de uma semana a presença dele já é mais forte do que a dela mesma, que é a dona da casa... (*Ri, nervosa*) O que é que tem a ver essa história com você? Este uísque não está me fazendo nada bem! O banheiro é ali no corredor, segunda porta à direita.

PLÍNIO – Assim que a chuva melhorar um pouco e eu estiver mais seco, chamo um táxi e vou embora. Prometo. Você não corre o risco de ter um hóspede instalado aqui. Não eu, pelo menos, que não troco meu canto por canto nenhum do mundo. Prefiro viver com a minha cadelinha, Sarah – uma homenagem à Sarah Bernhardt –, do que com um ser humano. Mulher principalmente. E sobretudo... atriz!

THELMA – Espero que sua homenagem às atrizes se restrinja às grande divas do passado! Teria horror em me transformar em nome de cadela. Mesmo de... cadelinha!

Plínio — Não se preocupe, minha querida. Se posso escolher um nome de atriz pra batizar um animal de estimação, obviamente vou preferir as maiores atrizes do mundo! Ah, tive uma Duse também!

ELA VAI PROTESTAR COM GRANDE INDIGNAÇÃO, MAS ELE CORTA, SORRIDENTE:

Plínio — Com licença.

ELA TENTA FALAR OUTRA VEZ, MAS ELE SAI, CARREGANDO A CAMISA E UM PAR DE MEIAS. ELA ESTÁ IRRITADA COM O QUE ACABOU DE OUVIR. DEPOIS SE APROXIMA DA MALETA ABERTA E TOCA NAS ROUPAS, NOS OBJETOS, LEVEMENTE. SEGURA O APARELHO DE BARBEAR. EM SEGUIDA PEGA O VIDRO DE ÁGUA-DE-COLÔNIA, ABRE E ASPIRA O PERFUME, FECHANDO OS OLHOS. PLÍNIO REAPARECE, SEGURANDO A CALÇA COM UMA MÃO E O PAR DE SAPATOS COM OUTRA. CAMISA LIMPA ABERTA NO PEITO. FICA OLHANDO THELMA POR UM TEMPO. QUANDO ELA DÁ PELA PRESENÇA DELE, JOGA A COLÔNIA NA MALA, COM RAIVA.

Thelma — Está me espionando, é? Na minha própria casa?

Plínio — Não fiz barulho porque estou andando sem sapatos. (*Indicando a água-de-colônia na maleta*) Gostou? Colônia pra homem!

Thelma — (*Irritada*) Pois eu tinha certeza que você usava colônia de mulher!

Plínio — (*Divertindo-se*) Cheiro de homem, não é?

Thelma — Não tenho tanta certeza assim!

PAUSA. ELA SE IRRITA COM O OLHAR IRÔNICO E O SORRISO MALICIOSO DE PLÍNIO, QUE PERMANECEM FIXOS.

Thelma — O que é que você quer dizer com isso, hein?

Plínio — Não há no seu banheiro o menor vestígio do sexo masculino. Você deve estar sentindo falta do cheiro de um homem.

Thelma — Se fosse esse o meu problema, continuaria com ele, porque você também não cheira a homem, pelo menos o que eu entendo por homem. Você cheira a álcool, a uísque. Tem bafo de caminhoneiro, que me perdoem os caminhoneiros!

ELE DÁ UMA BOA RISADA.

Thelma — Veio aqui pra me ofender, é?

Plínio — Hei, por que tanta irritação? Estou apenas constatando uma realidade. Tantos maridos! Dá pra sentir falta!

Thelma — Pois não sinto falta nenhuma! Quer saber?

Você está aqui há pouco tempo e eu já não agüento mais a sua presença!

PAUSA. ELA ESTÁ BUFANDO.

Thelma – E tem mais! Por que imagina que se eu sentisse falta de homem, ia logo sentir falta do cheiro? É o que você pode oferecer de melhor, é? O seu cheiro? Pois fique sabendo que eu já senti falta, sim, mas da inteligência de um homem, do companheirismo e do bom papo que muitos têm! De trocar idéias! Falar de mim e saber que ele me escuta com atenção e carinho! E de ouvir também! Muitas vezes tenho vontade de ouvir um homem falar dentro de casa! Pedir alguma coisa, dar uma boa risada! Ah, como são bonitas e sonoras as risadas de um homem civilizado! Não são nunca irônicos... não exibem nunca esse risinho de canto de boca que você exibe o tempo inteiro, como quem diz: "Pobre cabeça de mulher! Tão vazia!" Ah, meu caro crítico: também na vida é preciso restaurar a delicadeza!

ELA ARQUEJA, EXAUSTA. ELE PAROU COM O SORRISO DE CANTO DE BOCA E ESTÁ OLHANDO PARA ELE SÉRIO E UM POUCO PREOCUPADO. ELA ESTÁ AINDA MAIS IRRITADA, PORQUE SABE QUE, PASSANDO DOS LIMITES POR QUALQUER COISA, ESTÁ MESMO É DEMONSTRANDO INSEGURANÇA.

Plínio – Será que dava pra colocar estes sapatos no forno, por uns cinco minutinhos?

PAUSA. ELA QUER ESTOURAR, MAS TENTA SE SEGURAR.

Thelma — Me diga uma coisa: você veio me fazer uma visita ou está querendo me destruir?

ELE BAIXA OS OLHOS, FALSAMENTE HUMILDE E TÍMIDO. ELA SE IRRITA AINDA MAIS.

Thelma — E está segurando essa calça por quê? Corre o risco de cair, é?

Plínio — É que eu quero trocar a cueca também. Pode me dar?

Thelma — (*Empurrando a maleta com mais irritação*) Mas eu não pego na sua cueca, nem pra ganhar o Oscar!

ELE SE APROXIMA DA MALETA, PEGANDO A CUECA, ENQUANTO ELA ARRANCA O PAR DE SAPATOS DAS MÃOS DELE, INDO EM DIREÇÃO À ENTRADA DE SERVIÇO.

Thelma — E vê se acaba com isso logo! (*Para dentro, gritando*) Zu! Zu! Dá um pulo aqui!

ELE FINGE QUE NÃO PERCEBE A IRRITAÇÃO DELA, O QUE A IRRITA MAIS AINDA.

Plínio — Minha mãe sempre secava os meus sapatos no forno, quando eu chegava molhado da rua. E esfregava minha cabeça com álcool. Pra esquentar.

Thelma – Nunca pensei que você tivesse mãe!

Plínio – Não tenho mais. Morreu.

Thelma – Nem isso imaginava. Sempre achei que os críticos nascem assim, como cogumelos. Sem pai, sem mãe e sem coração. E que já nascem alcoólatras também!

ANTES QUE ELE FALE ALGUMA COISA, ELA VOLTA A CHAMAR, GRITANDO.

Thelma – Zu! Está surda, menina?

ESSE ÚLTIMO GRITO É DADO NA CARA DE ZU, QUE APARECEU CORRENDO, SEMPRE ASSUSTADA COM O TROFÉU NA MÃO, APERTADO CONTRA O PEITO.

Thelma – Põe estes sapatos no forno, por cinco minutos!

Zu – Sim senhora.

ZU TEM O OLHAR FIXO EM PLÍNIO, QUE PERMANECE JUNTO À SAÍDA PARA O BANHEIRO, A CUECA NA MÃO. THELMA SE IRRITA AINDA MAIS COM A PRESENÇA DELE.

Thelma – O "senhor" quer fazer o favor de trocar logo essa cueca?

PLÍNIO SAI. ZU PERMANECE BOQUIABERTA.

APAGAM-SE AS LUZES POR ALGUNS SEGUNDOS.

QUANDO AS LUZES DE ACENDEM, PLÍNIO ESTÁ PARADO JUNTO À ENTRADA DA SALA, AFIVELANDO O CINTO DA CALÇA. THELMA TEM OS OLHOS FECHADOS E ACOMPANHA A MELODIA DE UMA MÚSICA COM MENEIOS DE CABEÇA, AFETANDO INDIFERENÇA PELA PRESENÇA DELE. FALA SEM OLHAR PRA ELE, COM DESPREZO E IRONIA, TOMANDO GOLINHOS DE UÍSQUE NA XÍCARA.

PLÍNIO – Não sou alcoólatra.

THELMA – (*Risinho*) Posso imaginar você lá dentro, trocando a cueca e remoendo o que eu disse.

PLÍNIO – Não sou mesmo. Se quiser, paro de beber.

E COLOCA MAIS UMA DOSE DE UÍSQUE NO COPO.

THELMA – Mas acontece que você não quer. (*Corta*) É verdade que você só escrevia quando estava de porre?

PLÍNIO – Eu escrevia também quando estava de porre.

THELMA – Já ouvi muita coisa sobre a sua vida. Quer dizer: me falavam de você quando você tinha alguma importância e escrevia num grande jornal. Hoje... ninguém deve se importar se você bebe ou não. Mas antes... toda a classe comentava.

Plínio – (*Cético*) Vai ver até foram esses comentários que me fizeram perder o emprego.

Thelma – Até seus amigos, seus colegas de imprensa, falavam das suas bebedeiras.

Plínio – Nós, da imprensa, somos uma verdadeira família.

Thelma – Você bêbado – e os atores sofrendo com as suas críticas.

Plínio – E quem é que disse que um sujeito sóbrio escreve melhor do que um sujeito bêbado? (*Ri*) Quer dizer que vocês sofriam muito com as minhas críticas, é?

Thelma – Vocês, vírgula! Eu nunca sofri com crítica nenhuma. As tuas, então, eu nem lia! Quando me vinham contar, cortava logo! Detesto críticos! São todos frustrados, mal-amados, invejosos...

Plínio – Você não é a única pessoa que pensa assim. E talvez até seja verdade. (*Corta*) Ah, mas eu não sou mais crítico – o assunto já não me interessa! E depois, Thelma, eu acho que você valoriza demais! Ninguém deixa de ir ao teatro por causa de uma crítica!

Thelma – Graças a Deus, o que vale é o boca-a-boca! Mas vocês estragam carreiras, derrubam todo um trabalho! Arrasam!

Plínio – Quando é que você vai entender que um crítico não é um sujeito que fala mal, mas que aponta qualidades e defeitos de uma obra? É uma profissão como outra qualquer.

Thelma – (*Dura, fria*) Conheci uma atriz que se suicidou por sua causa!

Plínio – (*Chocado*) Pelo amor de Deus, Thelma!

Thelma – Você deve se lembrar dela. Ela fazia a ingênua em "Seis Personagens". Lembra?

Plínio – (*O crítico renasce nele*) Eram todos péssimos em "Seis Personagens". Só se salvava você!

Thelma – Eu me salvava? (*Nervosa*) Você escreveu que eu parecia uma gralha!

Plínio – Espera aí! Não escrevi que você parecia uma gralha... a peça inteira. Me lembro muito bem da crítica que fiz. Eu disse que na cena final, aquela em que você conta tudo que aconteceu, lembra?

Thelma – Claro que lembro! Era uma grande cena e eu fazia muito bem! (*Indignada*) Uma gralha!

Plínio – Naquela cena final! Só naquela! E depois, Thelma, eu não fui um crítico sistematicamente contra você!

Thelma – Sempre me achou antiquada. Uma vez disse que eu era rançosa.

Plínio – Eu???

Thelma – Você sim senhor!

Plínio – Deve ter sido erro de impressão. Nem me lembro disso! Vai ver eu escrevi presunçosa e eles, lá...

Thelma – (*Em cima*) Você acha possível ter escrito que eu era "uma manteiga presunçosa"?

Plínio – Bem...

Thelma – Pois foi isso que você escreveu: que eu melava o papel com um sentimentalismo pastoso... como uma manteiga rançosa.

Plínio – Não está sentindo cheiro de queimado?

Thelma – Não disfarça não, Plínio. Gralha, rançosa, o que mais? Ah, uma vez você se referiu, gozando, às minhas "emoções extáticas".

Plínio – Ah, não, essa não! Dessa eu me lembro muito bem! Foi erro do jornal. Era "emoções estéticas"! Não "extáticas". Me lembro porque corrigi no dia seguinte!

Thelma – Não me lembro dessa correção. Ah, e outra vez me achou gorda demais pra um papel!

Plínio – Também me lembro! Foi um Tchecov que você fez!

THELMA – "As Três Irmãs".

PLÍNIO – Eu disse que você estava gorda para o papel de Irina, a irmã mais nova, e que deveria ter feito a Olga, a mais velha!

THELMA – Me chamou de gorda e velha ao mesmo tempo!

ELE VAI PERDENDO A PACIÊNCIA E RETOMANDO SEU ESPÍRITO CRÍTICO.

PLÍNIO – Você estava fora da medida mesmo, pronto! Se quer saber, então escute: de muitas críticas eu me arrependo ou pelo menos acho que não fui muito justo. Mas outras eu assinaria hoje, outra vez! E essa das "Três Irmãs" é uma delas. Você não podia ter feito Irina, mas Olga, no máximo! Porque Tchecov exige mais do que o talento histriônico de uma atriz. Exige que ela saiba o que está dizendo e, mais ainda, o que está deixando de dizer!

THELMA – (*Já descontrolada*) Ah, e você acha que eu não sabia? Que sou uma atriz burra, que diz tudo que decorou, e mais nada? Tem coragem de dizer isso, assim, na minha cara, na minha casa, bebendo o meu uísque e trocando a cueca no meu banheiro?

PLÍNIO – (*Conciliador*) Calma, Thelma! Isso já passou. Por favor! Você disse que não ia insistir nesse assunto. E depois... pra que mexer nisso agora? Eu não sou mais crítico, você não é mais atriz...

THELMA – (*Ela corta, indignada e ofendida*) Sou atriz, sim senhor! Nunca deixei de ser!

PLÍNIO – Não trabalha mais!

THELMA – Não trabalho há dois anos só!

PLÍNIO – Quatro!

THELMA – Três e meio! E o que é que tem? Um médico, se fica três, quatro anos, sem exercer a profissão, deixa de ser médico?

SILÊNCIO. PLÍNIO OLHA FIXAMENTE PARA ELA, MAS ELA FOGE, COLOCA MAIS UMA DOSE DE UÍSQUE, ETC.

PLÍNIO – Eu estou sabendo das suas dificuldades.

THELMA – Que dificuldades? Acha que acabei, morri?

PLÍNIO – Tudo bem. Você continua sendo uma atriz. Nada contra. Mas eu não sou mais crítico. Não exerço a profissão. Caí fora desse mundinho em que vocês vivem se devorando uns aos outros!

THELMA – (*Ri, debochada*) Primeiro: você não caiu fora. Caíram fora com você. Segundo: se eu vivo num mundinho, você e seus colegas de imprensa...

ELA É INTERROMPIDA POR ZU, QUE ENTRA CORRENDO, APAVORADA, COM OS SAPATOS

DE PLÍNIO NUMA MÃO E O TROFÉU NA OUTRA. OS SAPATOS ESTÃO QUEIMADOS, NEGROS, SAINDO FUMAÇA.

Zu — Eu estava vendo televisão e... esqueci!

Plínio — Eu falei que estava cheirando queimado!

THELMA VAI FALAR ALGUMA COISA, MAS ACABA TENDO UM VIOLENTO E SONORO ACESSO DE RISO, OLHANDO O PAR DE SAPATOS E A CARA DE PLÍNIO.

APAGAM-SE AS LUZES POR ALGUNS SEGUNDOS.

AINDA COM AS LUZES APAGADAS, OUVIMOS A VOZ DE THELMA CONTANDO: uma... duas... três... quatro... cinco... E SÓ ENTÃO AS LUZES SE ACENDEM. PLÍNIO ESTÁ FAZENDO AS FLEXÕES E ELA CONTANDO, XÍCARA DE UÍSQUE NA MÃO, RISINHO IRÔNICO NOS LÁBIOS.

Thelma — ... seis... sete... oito...

ELE PÁRA. NÃO AGÜENTA. ESTÁ MUITO CANSADO. FICA NO CHÃO, DEITADO, RESPIRANDO FUNDO.

Thelma — Parou?

Plínio — Até a semana passada eu fazia dez flexões!

Thelma — E ainda dizem que as mulheres envelhecem mais depressa do que os homens! (*Rindo*) De uma semana pra outra você caiu duas flexões. Nesse passo, dentro de um mês você nem sequer vai conseguir se abaixar. Ou se abaixar, não levanta mais!

Plínio — Vem aqui fazer três! Só três!

Thelma — Eu te mostro! E olha que nunca fiz, hein?

ELA TIRA O "ROBE", FICANDO COM O LINDO PIJAMA TEATRAL.

Plínio — Puxa, que elegância! Você deve ter sonhos lindos!

Thelma — Lindíssimos! Nunca sonhei com você, por exemplo!

FICA NA POSIÇÃO DAS FLEXÕES, AO LADO DELE, QUE CONTINUA NO CHÃO, BEM À VONTADE.

Thelma — Pode contar.

Plínio — Pode começar.

ELA FAZ A PRIMEIRA FLEXÃO, SEM O MENOR JEITO. ZU REAPARECE, SORRATEIRAMENTE, OS OLHOS ESBUGALHADOS, O TROFÉU SEMPRE NA MÃO.

Plínio — Uma. Vai desistir ou continuar? Vai ver o seu recorde é de uma única mesmo! (*E ri*)

ELA CONTINUA, COM DIFICULDADE.

Plínio – Duas... três... quatro...

ELE ESTÁ IRONICAMENTE ADMIRADO. ELA DESISTE, OS BRAÇOS FRAQUEJANDO, A RESPIRAÇÃO OFEGANTE. FICA NO CHÃO, AO LADO DELE.

Thelma – É o maldito cigarro.

Plínio – Oito a quatro. Por que será que dizem que as mulheres envelhecem mais depressa do que os homens?

Thelma – Aposto que você é mais velho do quê!

Plínio – Aposto o que você quiser, mas com os documentos na mesa!

Thelma – Acha que eu escondo a idade?

Plínio – O documento original. Não vale xerox.

Thelma – Que idade você tem?

Plínio – Ah, assim não! Pegamos os nossos documentos originais e colocamos virados contra a mesa. Depois contamos até três e você vira o meu e eu viro o seu. Está bem assim?

Thelma – Eu não tenho documentos originais.

PLÍNIO – Eu sabia! Tudo adulterado! Conheci uma atriz que tinha de quarenta a sessenta anos! Claro que sessenta era a sua idade verdadeira. Mas em cada cópia, uma idade diferente! Para servir de acordo com as circunstâncias!

THELMA – Eu não minto a minha idade. Não declaro, só isso.

ELE A EXAMINA DA CABEÇA AOS PÉS, COMO SE ELA FOSSE UM OBJETO. DEPOIS ARRISCA.

PLÍNIO – Setenta.

THELMA – Cachorro! Então acha que eu tenho setenta anos?

PLÍNIO – Sessenta e nove.

THELMA – Continua cachorro! E grosso!

PLÍNIO – Você tem que estar entre sessenta e nove e setenta anos!

THELMA – (*Rápido*) Sessenta. (*Pausa*) E quatro.

ZU SAI, ASSOMBRADÍSSIMA.

PLÍNIO – Eu também já tive sessenta e quatro, mas um dia criei coragem e fiz sessenta e cinco. De lá pra cá tem sido fácil: todo ano eu aumento um ano, de verdade. Este ano faço 68.

Thelma — Engraçadinho! E achava que eu era mais velha do que você? Eu fui uma Julieta de 17 anos de idade e você, como Romeu, já era velhusco.

Plínio – (*Ri*) Você ainda lembra disso? Romeu e Julieta! Não me lembro de uma só palavra de toda a peça. Minto. Me lembro da última fala de Romeu, antes de morrer: (*meio canastrão, declamando*) "Eu bebo por meu amor! (*Faz que bebe numa taça*) Boticário fiel! Tua droga é rápida! Assim morro num beijo!"

E FINGE QUE MORRE. DEPOIS RI. MAS ELA ESTÁ AMARGURADA OUTRA VEZ.

Thelma — Você ainda consegue lembrar de uma frase. Eu... nem isso.

Plínio — Deus do céu! Nosso Romeu e Julieta tem mais de 50 anos! Como é que ia lembrar?

ELE QUER DESCONTRAIR A CENA. FAZ UM GESTO ALTIVO E SOLENE, COMO SE FOSSE UMA ESTÁTUA.

Plínio — Já não sou mais um Romeu, mas estou... Como é que você acha que eu estou?

ELA RETOMA O TOM CRUEL E DEBOCHADO.

Thelma — Um bagaço.

Plínio — Você não é gentil. Não pode reclamar dos críticos!

THELMA – As pessoas têm a idade que aparentam. As atrizes, pelo menos.

PLÍNIO – Mais importante do que a aparência é isto aqui...

E TOCA NA CABEÇA DELA, LEVEMENTE.

THELMA – Mas se você se olha no espelho e se acha bem... Se as pessoas te acham bem... isso é o que interessa!

PLÍNIO – De qualquer maneira o tempo está passando. Isso não tem jeito. E depois dos cinqüenta então!

THELMA – (*Citando lentamente*) "A partir de uma certa idade, os anos passam voando e os dias são intermináveis." (*Olha para ele*) Quem foi que disse isso?

PLÍNIO – (*Inseguro*) Virginia Woolf? Tem a cara dela!

THELMA – Não sei. Não sei se eu disse isso em alguma peça ou... (*Sofre*) Fico angustiada porque... não consigo me lembrar onde eu li... ou se foi no teatro... Não sei mais nenhuma peça de cor, das mais de cem que eu fiz. Mas... me lembro de tantas frases, pedaços longos às vezes... Cheguei a pensar em fazer um espetáculo diferente.... e que não seria repetido nunca da mesma maneira. Entende? Que eu não pudesse me repetir, simplesmente porque... não me lembraria exatamente do espetáculo da noite anterior. Eu diria ao público: "Vocês vão ouvir pedaços... pedaços de personagens e... meus pedaços também." O espetáculo podia se chamar Teatro em Pedaços. (*Pausa. Pensa*) Melhor: Uma Atriz em Pedaços!

PAUSA. ELA VAI MONTANDO NA CABEÇA TUDO QUE QUER DIZER. ELE TEM UM OLHAR COMPREENSIVO E PIEDOSO AO MESMO TEMPO.

THELMA – Nenhuma ordem. Nada de atos, quadros ou intervalos. Eu ia dizendo tudo que fosse lembrando. Uma colagem maluca, desvairada, mas bonita. Tenho certeza que seria bonita, porque uma atriz, quando perde a memória para o palco, quando já não consegue fazer uma peça inteira, porque esquece, se confunde, mistura tudo...e mesmo assim retém frases e pedaços de coisas que disse... de emoções que viveu... então é porque essas coisas, essas emoções são bonitas, ficaram fundas no coração... Nunca se apagarão. Nunca conseguirão morrer.

PLÍNIO – Eu também me lembro de coisas que jamais esquecerei! As palavras, desse jeito, ficam como pessoas. São como rostos que a gente não consegue lembrar a que corpo pertencem. Acho que é isso que você quer dizer!

THELMA – Isso! Palavras como pessoas, como rostos de pessoas.

PLÍNIO – Lapidares! Como na porta de quase todos os cemitérios: "Revertere ad locum tuum". (*E traduz*) Volte para o seu lugar.

Thelma – Isso é latim! Não, nada em língua estrangeira! Nem eu mesma sei o que significa!

Plínio – Uma das minhas frases preferidas é: "Ó minh'alma! Não aspires à vida imortal, mas esgota o campo do possível!"

Thelma – Linda! De quem é?

Plínio – Píndaro! Quinhentos anos antes de Cristo!

Thelma – Meu Deus! Como a inteligência é velha!

OLHAM-SE.

Plínio – Por favor, Thelma, não inclua essa frase!

Thelma – Qual?

Plínio – Como a inteligência é velha! Terrível!

E CAEM NA RISADA OS DOIS, COMO VELHOS CAMARADAS.

Thelma – "Depois de uma certa idade, os anos passam voando e os dias são intermináveis!"

Plínio – Você disse isso agora há pouco!

Thelma – Verdade? É que me impressiona muito! É como eu sinto a idade que estou vivendo. Me surpreendo sempre dizendo: Meu Deus, já estamos em dezembro! E ao mesmo tempo me arrasto pela casa o dia inteiro, lamentando: Este dia não acaba mais!

Plínio – É a falta de um trabalho! Precisa fazer alguma coisa! Ouça esta: "Quanto mais estudo, mais vejo Deus em toda a parte".

Thelma – (*Preocupada*) Me sinto perdida, sem rumo!

OLHA PARA ELE, CARENTE, COMO SE ESPERASSE DELE UMA SOLUÇÃO.

Plínio – "Quem nos extraviou assim, para que tivéssemos um ar de despedida em tudo que fazemos?"

Thelma – Isso! É como eu me sinto: extraviada! E quando olho para as coisas, para as pessoas também, é como se eu olhasse pela última vez. Noutro dia, num shopping, uma criança estava brincando junto à uma escada. Tinha 5 ou 6 anos, loira, linda. Um menino. Me olhou fixamente, profundamente... e sorriu. Imediatamente, meus olhos se encheram de lágrimas. Uma emoção, um nó na garganta, e eu pensei: Ele vai crescer, daqui a pouco vai subir essa escada de dois em dois degraus, e eu estarei morta, nunca mais o verei e ele jamais saberá que me fez chorar de emoção.

Plínio – "Assim vivemos nós: numa incessante despedida!"

PAUSA. OLHAM-SE. ELA COLOCA MAIS UMA DOSE DE UÍSQUE NA SUA XÍCARA E OUTRA NO

COPO DE PLÍNIO. EM SEGUIDA, ELA COMEÇA A RIR.

Plínio – O que foi?

Thelma – Estava me lembrando da sua crítica quando eu fiz "Uma Certa Cabana", de Roussin.

Plínio – Ah, não, Thelma!

Thelma – Não lembra?

Plínio – Claro que não! Se fosse lembrar de todas que escrevi!

Thelma – Você escreveu que as minhas pernas te faziam lembrar a Olívia Palito!

Plínio – (*Salta*) Nunca mencionei Olívia Palito numa crítica!

Thelma – Falou que te faziam lembrar da noiva do Popeye!

PAUSA. OLHAM-SE. VOLTAM A RIR.

Plínio – Você não podia usar aquele saiotinho curto, acima dos joelhos. Nunca teve pernas pra isso, Thelma!

Thelma – Eu tinha... trinta anos. Nem isso, acho!

Plínio – Até crianças têm pernas feias!

ELA FICA MELANCÓLICA OUTRA VEZ. ELE CORTA.

Plínio – Vamos voltar ao espetáculo! Uma boa frase sobre a função primordial do teatro! Lembra de alguma?

Thelma – "O teatro é a armadilha onde eu vou apanhar a consciência do rei!"

Plínio – Bravos! Maravilha! Shakespeare!

Thelma – (*Como uma criança*) É?

Plínio – "Hamlet".

Thelma – (*Sem graça*) Eu tinha uma vaga idéia. Você está com a cabeça melhor do que a minha. Dois a zero pra você.

Plínio – Mas esse jogo não tem placar. Não tem ganhador, nem perdedor. É o jogo de dizer, pelo prazer de dizer. Ouça esta: "Deus quer, o homem sonha e a obra nasce".

Thelma – Linda.

Plínio – "Tudo que fiz por Deus, penso que foi bem feito!"

Thelma – (*Alegre como uma criança*) Joana D'Arc! "O Canto da Cotovia"! Eu fiz o papel!

Plínio – Eu me lembro.

Thelma – Lembrei assim que você falou. (*Sorri*) Pensei que a minha cabeça estivesse pior.

Plínio – É só exercitar.

Thelma – (*Desconfiada*) Você viu minha Joana D'Arc?

Plínio – Claro!

Thelma – (*Mais desconfiada ainda*) Não me lembro do que você escreveu.

Plínio – Elogiei. Você estava muito bem.

SILÊNCIO.

Plínio – Por isso não se lembra. Porque eu elogiei.

Thelma – (*Vagamente*) Devia ser o contrário. Não sofreria tanto.

ELE CORTA MAIS UMA VEZ O CLIMA DEPRESSIVO QUE ELA TENTA INSTALAR.

Plínio – Quem sabe podemos fazer uma dupla?

Thelma – É uma idéia!

Plínio – A atriz genial e o crítico venal...

Thelma – ... num espetáculo sensacional!

ELES RIEM, ANIMADÍSSIMOS, E ELA CHEGA A BATER PALMAS, EMOCIONADA.

Thelma – Maravilha, Plínio! Acha mesmo que se pode fazer um espetáculo assim, sem ordem nenhuma?

Plínio – Por que não?

Thelma – Não vai ficar claro que é simplesmente porque eu não sou capaz de decorar mais nada?

Plínio – E o que tem se ficar? Se o espetáculo for bom, se você disser bem tudo que disser...

Thelma – Você me anima. Logo você que passou a vida me desanimando!

ELE FAZ CARA DE CENSURA.

Thelma – Tudo bem. Esquece. (*Olha para ele*) "Eterna é a noite que o dia não alcança".

Plínio – "Como é que se pode voltar aos bons tempos de antigamente? Era tudo tão cheio de luz e de carinho. Nós passeávamos de trenó no inverno e eu contemplava o rubor nas faces de meu filho! E havia sempre uma boa notícia chegando, e o futuro era tão cheio de esperança!" (*Fica melancólico*) É... acho que a gente só fica velho mesmo, quando já não tem mais futuro. Só passado.

E OLHA PARA ELA, TAMBÉM CARENTE.

Thelma – "Flores, flores para los muertos".

Plínio – "Só existe um problema filosófico realmente sério: é o suicídio".

PAUSA.

Plínio – Vamos, Thelma, é você.

Thelma – Já pensou alguma vez em se matar?

Plínio – Pensei. E tentei.

ELA SE INTERESSA, FIXANDO OS OLHOS NELE. NOVO PISCAR DAS LUZES.

Plínio – E você?

Thelma – Tentei. Sem pensar.

OLHAM-SE FIXAMENTE.

Thelma – "Tenho um grande projeto para o futuro: enlouquecer".

Plínio – "O louco é aquele que perdeu tudo, menos o juízo".

Thelma – "O sentimento de humanidade foi feito, realmente, para a bolsa dos ricos, mas quem tem o meu poderio financeiro pode dar-se ao luxo de criar uma nova ordem mundial. O mundo fez de mim uma mulher da vida e eu quero fazer dele um bordel. Quem não tem dinheiro e quer entrar na dança, que agüente firme…"

ELA QUER CONTINUAR, FAZ UM ESFORÇO, MAS NÃO SE LEMBRA DE MAIS NADA. ELE VOLTA A ANIMÁ-LA.

Plínio – Isso foi mais do que uma frase, Thelma.

Thelma – Acho que se eu fizer um esforço…

Plínio – Sabe o que eu penso? Que você deve encarar de novo o teatro! Pra valer! Ensaiar uma peça, estrear. Sua vida é essa, não pode mais mudar!

ELA SE LEMBRA COM ALEGRIA.

Thelma – (*Feliz*) Espere! Lembrei, acho que posso me lembrar de uma maior ainda: "Qual a razão para se educar uma mulher se não lhe ensinamos a conquistar um homem rico e a conseguir o seu dinheiro, casando-se com ele? A cerimônia do casamento não torna a coisa mais moral. Ah! a hipocrisia do mundo me enoja!"

OLHAM-SE. ELA ESTÁ RADIANTE. RIEM, APLAUDEM, CHEGAM A ABRAÇAR-SE.

Plínio – Você tem que voltar, Thelma!

Thelma – (*Esforçando-se*) O autor…. o nome dele me

veio, mas fugiu... Espera! Deus do céu, o que é que acontece com a minha cabeça?

Plínio – Feche os olhos e deixe o nome vir naturalmente.

ELA FECHA OS OLHOS, FAZ UM ESFORÇO GRANDE. SILÊNCIO. ELE, AO LADO, TEM OS OLHOS DE UM TORCEDOR NÃO MUITO OTIMISTA. ELA DESISTE.

Thelma – Não consigo lembrar.

Plínio – Não tem que falar o nome dos autores! Manda imprimir no programa o nome de todas as peças que você fez, com os respectivos autores. Pronto. O público vai entender que todos os textos foram extraídos desse repertório!

Thelma – (*Repete*) "Flores, flores para los muertos..."

Plínio – E depois, Thelma, as grandes frases, os grandes pensamentos, pertencem à humanidade!

Thelma – Não é o que pensa a sociedade de direitos autorais.

Plínio – Sem placar, sem esforço. Apenas um jogo de dizer. (*Olha para ela*) "A carne é triste, eu li todos os livros, todos!"

Thelma – "Quem, se eu gritasse, entre os anjos me ouviria?"

Plínio – (*Cortando*) Eu li que era Durrenmat que você estava produzindo, quando se sentiu mal e parou. "A Visita da Velha Senhora." Lembra bem disso?

Thelma – Eu estava ensaiando, quando me deu um branco. Achei que era cansaço. Todos acharam. O ensaio foi suspenso e eu fiquei lá no palco, sozinha, querendo lembrar... E não saía nada. Fiquei com medo. No dia seguinte... nada. Mais três, quatro dias: nada. Eu lembrava de muitas coisas, frases... períodos inteiros, mas não conseguia encaixar o que eu lembrava, na ordem das cenas. Pulava, misturava. Não deu. Cancelei o espetáculo. Achei que só precisava descansar. (*Pausa*) Estou descansando há quatro anos.

Plínio – Mas qual foi a última peça que você fez? Antes de começar os ensaios de Durrenmat?

Thelma – Deixa ver...

Plínio – Não foi Shaw? "A Profissão da Senhora Warren"?

Thelma – É... foi sim. (*Anima-se*) Ah, mas me lembro da primeira, a primeira peça que fiz como atriz profissional. Ganhei o prêmio de revelação. Nem eu mesmo acreditava que pudesse fazer o papel. "Senhorita Júlia". Strindberg. Deixa ver...

ESFORÇA-SE NOVAMENTE PARA LEMBRAR. ELE CORTA MAIS UMA VEZ.

Plínio – Deixa pra lá. Só vale o que não precisar de esforço.

Thelma – Pra mim chega. (*Pausa*) Estou acabada, Plínio. Já estava antes dos sessenta.

Plínio – Bobagem.

Thelma – Estou fora. Off. Pra sempre. Tenho medo. Medo daquela doença, Mal de Alzheimer. Senilidade precoce. A doença da Rita Hayworth. Aquela mulher tão linda... a Gilda, como pode? Uma atriz do primeiro mundo, com tanto dinheiro, tanta fama, tantos homens, morrer daquele jeito, enrugada como um maracujá! O que será de mim, então, que vivo aqui, num país em que até homens e mulheres de 50 anos entram na fila dos idosos, nos bancos, com a passividade e o conformismo de quem já não espera mais nada da vida? Mal de Alzheimer! É até um nome bonito, infinitamente mais bonito que câncer, por exemplo.

Plínio – Pára com isso, Thelma!

Thelma – Sabe o que mais me impressiona numa doença? É quando me dizem: fulano está doente. Uma doença sem retorno. Irreversível. Terminal. Esse ter-mi-nal é que me apavora.

Plínio – A vida é uma doença terminal. (*Corta*) Por que você não escreve suas memórias? Um pouco de ficção, uma pitada de verdade... hein? Alguém pode te ajudar a puxar pela memória, a lembrar de fatos, datas, pessoas... E você deve ter álbuns e mais álbuns de fotos e recortes de jornais!

Thelma – Não tenho mais nada! Joguei fora, queimei!

Plínio – Que coisa mais idiota, Thelma! Isso ia te ajudar muito, agora! A última chance que um artista tem de ganhar dinheiro com sua profissão é escrevendo suas memórias!

Thelma – Última chance! Eu acabada, morta – e você jogando terra em cima!

Plínio – Ah, a brincadeira estava engraçada e você melou tudo com a sua depressão.

Thelma – Me diga com sinceridade: tem medo de morrer?

Plínio – "A vida toda é um aprender a morrer." Olha só como você está tensa! Relaxa! Hoje foi um dia especial. Ganhou um prêmio. Recebeu tantas flores, tantos telefonemas, tanta demonstração de carinho. E falando em morte?! Relaxa.

COLOCA AS MÃOS NOS OMBROS DELA. THELMA TEM UM SOBRESSALTO.

Plínio – Meu Deus! Uma descarga de milhões de "volts"!

ELA FECHA OS OLHOS E ELE INICIA UMA

MASSAGEM EM SEUS OMBROS. MOVIMENTOS SUAVES, HARMONIOSOS.

Plínio – Isso! Uma mulher tem que ser uma mulher, que diabo! Pelo menos de vez em quando. Não pode estar sempre em guarda, esperando ser atacada. Tem que fechar os olhos, deixar que as coisas caminhem, sigam o curso natural, como os rios. Sabe o que eu penso? Que tudo isso que está acontecendo com você é apenas uma autodefesa exasperada. Medo de ser ferida. Medo de lembrar e quando lembra, medo de esquecer. Veja bem: esquece os textos que disse com tanto prazer, talento e devoção... mas lembra-se de todas as críticas, de todas as palavras que magoaram.

Thelma – (*Com a voz baixa, os olhos cerrados*) Tenho culpa de ser assim? Sempre fui amarga! (*Lenta*) Eu era deste tamainho e minha mãe já me apresentava pras visitas, falando: "Esta é a Thelminha Jiló – amarga como ela só!" (*Ri sem alegria*) Voltando no tempo, percebo que sempre fui criticada, censurada, reprimida... Acho que vem daí meu horror aos críticos.

Plínio – Devia ter escolhido uma profissão menos vulnerável.

Thelma – Não escolhi ser atriz. Fui escolhida. (*Corta, suave, gostando*) Com tanto talento pra massagista, por que diabo você foi ser crítico, posso saber?

Plínio – Um crítico é um massagista do ego alheio.

Thelma – Do meu, pelo menos, você nunca foi!

Plínio – Do seu também, algumas vezes. Vamos, se entrega. Sempre com as mãos diante dos olhos, diante do rosto – para impedir a bofetada. Mas a bofetada muitas vezes nem vem! É preferível baixar as mãos, desobstruir os olhos... e enxergar o mundo. Uma vez ou outra, vai receber uma bofetada imprevista. Mas é melhor apanhar com os olhos abertos, Assim, pelo menos, você identifica o seu agressor.

ENQUANTO FALOU, SUAS MÃOS FORAM SE DESLOCANDO DOS OMBROS PARA O COLO DE THELMA, ALCANÇANDO OS SEUS SEIOS. ELA SORRI SUAVEMENTE, OLHOS FECHADOS. VIRAM-SE DE FRENTE AGORA E APÓS UM TEMPO DE HESITAÇÃO, BEIJAM-SE. UM BEIJO DELICADO, ABSOLUTAMENTE NÃO VULGAR. UM OUTRO BEIJO SURGE, COM MAIS ARDOR, MAS SEMPRE REFINADO. LIGADOS PELO BEIJO, ELES VÃO COMO QUE DESLIZANDO UM NO OUTRO, ATÉ QUE TOCAM OS ALMOFADÕES DO CHÃO E SE ENLAÇAM. ZU APARECE JUNTO À PORTA, AGORA VESTINDO UMA CAMISOLA, O TROFÉU SEMPRE NUMA DAS MÃOS, APERTADO CONTRA O PEITO. ELA ESTÁ ABISMADA COM O QUE VÊ. MAS TAMBÉM FASCINADA. DEPOIS SAI, DISCRETA. OUVE-SE O RUÍDO VIOLENTO DE UM RAIO, UM TROVÃO PRÓXIMO E AS LUZES PISCAM, PISCAM, ATÉ QUE SE APAGAM POR COMPLETO. A CHUVA AUMENTA LÁ FORA E O "LIVING" FICA SENDO ILUMINADO POR

RELÂMPAGOS ALTERNADOS. PLÍNIO E THELMA SE AMAM ENTRE OS ALMOFADÕES. SEUS CORPOS TAMBÉM APARECEM RECORTADOS PELOS RELÂMPAGOS. TUDO SEMPRE MUITO DELICADO. A CENA É TÃO TEATRAL, QUE THELMA NÃO RESISTE E EXCLAMA, SUSPIRANDO:

THELMA – Olha, Plínio, como no teatro. Como se estivéssemos num palco de teatro. (*Lentamente, se entregando*) "Que é um palco? É um lugar onde se brinca a sério…"

AMAM-SE.

PASSAGEM DE TEMPO. A CHUVA, LÁ FORA, VAI CESSANDO, LENTAMENTE. A LUZ COMEÇA A PISCAR, AMEAÇANDO VOLTAR.

THELMA – Plínio.

PLÍNIO – Ahm?

THELMA – Lembrei.

PLÍNIO – Do quê?

THELMA – De Romeu e Julieta.

PLÍNIO – (*Rindo*) Logo agora?

THELMA – Eu não conseguia lembrar uma única frase, e de repente…

Plínio – São mais de cinqüenta anos!

ELA VAI PUXANDO PELA MEMÓRIA.

Thelma – "Por que tu vais partir? Vem longe a madrugada,
e foi o rouxinol que cantou na ramada.
Não é da cotovia a voz alvissareira.
Toda noite ele canta assim na romãzeira.
Podes crer, meu amor, que foi o rouxinol."

PAUSA CURTA.

Thelma – Vamos, Plínio, é você. É Romeu quem fala agora.

Plínio – Eu sei, mas... mas...

Thelma – Tem que tentar, fazer um esforço. (*Repete*) "Podes crer, meu amor, que foi o rouxinol." Romeu diz: "Ah, foi a cotovia antecipando o sol!" Continua, Plínio. (*Repete*) "Ah, foi a cotovia antecipando o sol!"

ELE TAMBÉM COMEÇA A LEMBRAR, PUXANDO PELA MEMÓRIA. ESFORÇANDO-SE. AO LADO DELE, ELA TORCE, VIBRA, EMOCIONADA E FELIZ.

Plínio – "Ah, foi a cotovia antecipando o sol...
não foi o rouxinol, amor. Vê que invejosa
a luz que vem do Oriente em tons de ouro e rosa.
As candeias da noite apagaram-se, e o dia
vai chegando, de leve, à montanha sombria.
Eu preciso partir. Se ficar, morrerei."

Thelma – (*Feliz*) Estamos conseguindo, Plínio!

Plínio – Como se eu tivesse vinte anos! (*E já seguro de si mesmo*) Você, agora, Julieta!

Thelma – "Não é a luz do dia, meu amor, eu sei!
É algum meteoro claro como a luz solar
para através da noite escura te levar
como um archote a Mântua, e mostrar-te o caminho.
Inda é cedo. Não vás! Não deixes meu carinho!"

Plínio – Estou vendo tão claro na minha frente, Thelma! Eu com vinte anos, você com dezoito.

Thelma – Dezessete!

Plínio – Ali, na platéia, na primeira fila, nossos companheiros de faculdade.

Thelma – Admirados da nossa coragem!

Plínio – Éramos mesmo muito atrevidos!

Thelma – Vamos, Plínio, continua! É a vida que estamos recebendo de volta!

A LUZ É RESTABELECIDA.

E ELE RETOMA A CENA, JÁ SE LEMBRANDO COM MAIS DESENVOLTURA.

Plínio – "Eles me prenderão. Poderão me matar,
e eu morrerei feliz de poder te agradar.

Não te direi que, além, Vésper está no céu,
é o reflexo de Cínthia, em seu pálido véu.
Não foi a cotovia o que o ouvido sentiu
cantar no claro som que no alto céu surgiu.
Partir, causa-me dor – Ficar, é-me um prazer.
Vem, morte, sê bem-vinda! Assim Julieta o quer.
Conversemos, minha alma, inda vem longe o dia!"

THELMA – "Não! Parte, vai depressa! É mesmo a cotovia.
Ela é que canta assim, desafinadamente,
sem qualquer harmonia a enternecer a gente.
Dizem uns que o seu canto é doce de escutar;
mas eu não posso crer, pois nos vai separar.
Contam que a cotovia e o sapo o olhar trocaram.
E as vozes um do outro eu creio que adotaram.
Este canto malvado é que arranca aos meus braços
o amor que vem de ti, e rouba os teus abraços!
A claridade aumenta. Parte, meu amor!"

PLÍNIO – "Quanto mais clara a luz, mais negra a nossa dor!"

THELMA – Estamos vivos, Plínio! Estamos vivos!

ABRAÇAM-SE, COMO DOIS COMPANHEIROS DE ELENCO APÓS UMA ESTRÉIA FELIZ.

APAGAM-SE AS LUZES POR ALGUNS SEGUNDOS.

QUANDO AS LUZES DE ACENDEM, ELE VESTE A CALÇA DE PIJAMA QUE TRAZIA NA MALETA E ELA VESTE NOVAMENTE O "ROBE" POR CIMA DO PIJAMA.

Plínio – Como é que você consegue viver sozinha, depois de três maridos?

Thelma – Justamente por isso. Quem teve os maridos que eu tive, pega horror a homem e a casamento!

Plínio – Você nunca encontrou o homem certo. Aliás, atrizes casam mal no mundo inteiro.

Thelma – Tentei três vezes, oficialmente. Fora as tentativas camufladas. Claro que o melhor dos três foi o que morreu. É sempre assim.

Plínio – E aquele idiota do meu xará, o Plínio Ayres?

Thelma – (*Risinho mordaz*) Idiota, ele? O maior sucesso com o "Rei Lear"! Está excursionando pelo país todo! (*Mede Plínio de alto a baixo, bem cruel*) Tem mais ou menos a sua idade, mas está inteiro!

Plínio – Você não está pulando ele como marido?

ELA PENSA UM SEGUNDO E ESTOURA NUMA RISADA DEBOCHADA E TEATRAL.

Thelma – Quem dera! Não! Grande amigo, grande companheiro de trabalho!

Plínio – Pensei. Comportou-se como tal há trinta anos atrás!

ELA SE ENFURECE.

Thelma — Comportou-se como um cavalheiro, isso sim! E eu pensei que você não tivesse nem sequer coragem de mencionar esse episódio! Que tivesse vergonha do que aconteceu!

Plínio — Ele me acertou um soco aqui no queixo, que até hoje dói, quando chove, como se fosse um calo, e eu é que vou ter vergonha? Ele é que deve ter, porque se comportou como um moleque!

Thelma — Moleque? Ele me defendeu da sua cafajestada!

Plínio — Vocês não entenderam a minha crítica!

Thelma — (*Cresce com ódio*) Você me chamou de vagabunda!

Plínio — (*Cresce também*) Eu falei que você nem parecia estar representando!

Plínio — E que papel eu fazia na peça? De uma vagabunda!!! Quer ofensa mais óbvia?

ELE VAI FALAR ALGUMA COISA, MAS ELA CORTA, COM CRESCENTE RAIVA.

Thelma — E não quero me lembrar disso! Senão vou ter ódio mortal de você, outra vez! Foi humilhação demais e desde que você entrou aqui estou procurando não lembrar dessa história! Por que foi tocar nesse assunto?

SILÊNCIO ABSOLUTO. ELE BAIXA A CABEÇA, PROCURANDO CONTER TODOS OS SEUS ARGUMENTOS. ELA EXPLODE OUTRA VEZ.

Thelma – Ah, que raiva que eu tenho!

Plínio – De quem?

ELA FICA CÔMICA NA SUA INDIGNAÇÃO TARDIA.

Thelma – De mim, de você, do que aconteceu aqui! O que é que você pensa, hein? É a primeira vez que eu vou pra cama com um crítico!

Plínio – Mas eu não sou mais crítico! E depois... nem fomos pra cama!

Thelma – Engraçadinho! E ainda por cima com você, que falou mal de mim a vida inteira! Até parece que eu estou concordando com tudo que você escreveu e agradecendo penhoradamente!

Plínio – Posso te dizer uma coisa? (*Pausa*) Você está em forma!

Thelma – (*Com mais raiva*) Pois você não está!

Plínio – Não foi o que você disse.

Thelma – Se não consegue ser um cavalheiro, faça o papel de um!

Plínio — Mas o que aconteceu...

Thelma — (*Corta*) Não aconteceu nada!

Plínio — Não?

Thelma — Foi uma cena de teatro, uma representação. Eu já fiz prostitutas, já fiz rainhas... por que não posso fazer uma idiota de uma mulher que se entrega a um massagista?

ELE FINGE REFLETIR SERIAMENTE.

Plínio — É. Pensando assim, podemos fazer qualquer coisa na vida.

Thelma — Pois assim será lembrado o que aconteceu aqui! Não se esqueça disso! Uma cena entre um massagista abusado e uma velha desmemoriada, carente e volúvel! É assim que você deve lembrar, caso não consiga esquecer. Combinado?

Plínio — (*Reluta, mas concorda*) Combinado. Mas como ex-crítico de teatro posso lhe garantir uma coisa: seu desempenho foi magistral. Nem parecia teatro!

Thelma — (*Sorri, envaidecida*) É como eu sempre representei, meu caro crítico que nunca deu por isso: ma-gis-tral-men-te!

E EMPINA O NARIZ. PAUSA LONGA, ATÉ QUE

ELA RETOMA A CENA COM NATURALIDADE ESPANTOSA.

THELMA – Voltando ao casamento: e você, depois que se separou daquela mulherzinha nojenta, que olhava a gente de cima pra baixo, como se olhasse um verme... nunca mais casou?

PLÍNIO – Ela?

THELMA – Você! Ela deve ter casado, que megera não fica solteira muito tempo! Tem sede de sangue, fome de carne fresca! Tem que ter sempre um marido!

PLÍNIO – Eu nunca mais me casei. Nem ela.

THELMA – Então ela é uma exceção!

PLÍNIO – Ela morreu.

PAUSA. THELMA NÃO ESPERAVA POR ISSO.

THELMA – Morreu de quê?

PLÍNIO – Câncer.

THELMA – Vai ver foi de propósito, só pra me irritar numa hora dessas!

PAUSA. ELA RELUTA.

THELMA – Sofreu... muito?

Plínio – Na última noite ela gritou tanto, berrou tanto de dor, que eu coloquei um travesseiro na cara dela, assim, apertado, enquanto a enfermeira preparava a morfina. Apertei tanto que quase que ela morre sufocada! E quem sabe não teria sido melhor? (*Pausa*) Depois da morfina, quando descobri o rosto dela, ela tinha arrancado com os dentes um pedaço do travesseiro. Deste tamanho! de tanta dor!

Thelma – (*Infeliz, penalizada*) Deus do céu!

Plínio – Como um cão!

Thelma – Ela era infernal, merecia um castigo, mas Deus às vezes exagera! Onde é que você foi arranjar aquele tipo?

Plínio – Uma viagem que fiz à Espanha. Uma bolsa. Ela trabalhava no Museu do Prado, em Madri. Conduzia turistas. Mostrava os quadros. Como é que se chama mesmo quem faz isso?

Thelma – Não é guia de turismo?

Plínio – Não sei. Era só dentro do museu. Bem, deve ser guia de museu. Era contratada, coisa difícil para uma estrangeira, já que eles preferem o pessoal de lá mesmo. Mas é que a Viviane...

Thelma – Viviane! Tinha esquecido o nome dela!

Plínio – (*Que não se interrompeu*) ... tinha uma cultura incrível! Conhecia arte como ninguém. Falava seis ou sete idiomas! Viajadíssima!

THELMA — Por isso aquele nariz empinado!

PLÍNIO — Só na China tinha ido cinco vezes! Quatro na União Soviética! E uma memória prodigiosa! Lembrava tudo, lia tudo! Não sei onde encontrava tempo! Filosofia, teatro, cinema, história, mitologia, você tinha que ver!

THELMA — Aquela erudição toda que você despejava nas suas críticas, certamente era dela! (*Ri*) Vamos descobrir ainda que era ela quem escrevia o que você assinava!

PLÍNIO — Me ajudou muito mesmo!

THELMA — As coisas até se encaixam! Ela tinha pavor das atrizes! Ciúmes! Agora, pensando bem, acho que você nunca elogiou uma atriz! Salvava sempre a pele dos atores! Era ela, não era, quem massacrava a gente?

PLÍNIO — Claro que não!

ELE FALOU COM CONVICÇÃO E ELA SE CONVENCE, LAMENTANDO.

THELMA — É uma pena que não tenha sido assim. De repente, me alegrou a idéia de que suas críticas tivessem sido sempre injustas. Que era ela que se vingava e que você, no fundo, até gostava do meu trabalho.

Plínio – (*Lembrando-se ainda da mulher*) Eu perguntava: "Onde é que cabe tudo isso? Você tem a cabeça menor do que a minha!"

Thelma – Meu pai dizia que saber não ocupa lugar!

Plínio – Todos os pais dizem isso!

Thelma – Me diz francamente, Plínio: você gostava, amava aquela mulher?

Plínio – Não. Depois que ela morreu foi que eu percebi que eu gostava do que ela sabia, não do que ela era. Era uma enciclopédia à mão. Útil. E também me envaidecia ter uma mulher tão inteligente, tão culta, apaixonada por mim! Sempre admirei a sabedoria!

Thelma – Foi o que eu imaginei. Você andava com ela, circulava pelos lugares, como se ela fosse um livro debaixo do braço, não uma pessoa.

PAUSA.

Plínio – Faltou coragem para formar uma família. Ter filhos. Quem sabe tudo teria sido diferente? (*Pausa*) E você? Três maridos e nenhum filho!

ELA SORRI.

Thelma – Teria sido melhor, talvez, três filhos e nenhum marido. Três produções independentes, como dizem hoje em dia.

PAUSA.

THELMA — Também eu não amei nenhum deles. Amei o que eles diziam de mim. Eram mais jovens... Circulavam comigo, de mãos dadas, e eu me sentia mais jovem também. Não tivemos sorte, Plínio. E agora é tarde. Sempre aprendi qualquer coisa com dificuldade. E com atraso. Meus coleguinhas de escola estavam na tabuada do sete e eu ainda engasgava na do três. (*Sorri*) Estou vendo que vou aprender a viver na véspera de morrer. Não tive estímulo de ninguém. Minha mãe dizia: "A Thelma é chucrinha. Precisa tratar de ser bonita".

PLÍNIO NEM PARECE TER OUVIDO. ELE CONTINUA COM SEUS PENSAMENTOS VOLTADOS PARA O PASSADO.

PLÍNIO — De que adianta tanta sabedoria? Sabe o que eu penso às vezes? (*Pausa*) Quando uma pessoa morre... pra onde vai tudo que ela sabe?

THELMA — Pra baixo da terra, com o resto!

PLÍNIO — Mas os vermes não comem idéias, conhecimentos, sonhos. Eles são carnívoros. Fico pensando na Viviane, no meu pai, que também era um sujeito que parecia saber tudo! E um Goethe? Um cientista, como Einstein, um poeta como Elliot ou um gênio como Shakespeare? Um homem aprende tanta coisa, pensa, .viaja, sonha... e depois... isso tudo desaparece, some na terra?

THELMA – O que é que você queria?

PLÍNIO – Está errado! São bens, representam uma fortuna! Mais do que imóveis, ações, jóias, dinheiro!

THELMA – Só na sua cabeça!

PLÍNIO – Das coisas materiais um homem pode dispor para deixar em testamento! Mas e os bens espirituais? Aqueles que foram conquistados com a inteligência e a vontade, e armazenados aqui, na cabeça, onde vivem todas as emoções? O conhecimento, Thelma! Os idiomas aprendidos! A sensação das viagens? O impacto emocional que sentimos diante de uma tela de Van Gogh? A aventura de ler o "Don Quixote" e a felicidade de reler Dostoiévski a cada dois anos? O amor pelo teatro, o cinema e a música! O que se viveu diante de um pôr-de-sol ou de um luar de uma noite de outubro? O mês de maio, Thelma! Essa é a maior fortuna! Então eu fico pensando... se um homem pudesse dispor de tudo que aprendeu, pensou, sonhou... Se fosse transmissível tudo que ele viu e ouviu! Tudo que sentiu! Já imaginou, Thelma? Alguma vez você pensou nisso?

THELMA – (*Amarga*) Não existem herdeiros para os bens espirituais, Plínio! Quando alguém morre, os parentes têm a expectativa do lucro! Minha mãe morreu e estava há menos de uma hora debaixo da terra, e minha tia – irmã dela! – me perguntou: "O que é que vocês pensam em fazer com aquela cadeira de balanço inglesa?" (*Ri*) Eu, felizmente, tenho minha morte equacionada racionalmente. Meu seguro-saúde paga qualquer internação. Meu seguro de vida cobre o meu enterro, e o pedaço de terra no cemitério já está pago há muito tempo! Este apartamento... e as coisas que aqui estão... eu vou deixar pra Zu. Ela merece. Nunca estive em paz com a minha vida, mas com a minha morte a harmonia é perfeita!

ELE CONTINUA COMO SE NÃO TIVESSE OUVIDO THELMA.

Plínio — Minha paixão por Mozart, por exemplo. Por Rilke! A emoção que eu senti quando entrei, pela primeira vez, na Capela Sistina. A lembrança que tenho de Veneza! De Firenze também, numa tarde de outono! A descoberta que fiz, aos dezoito anos, de Baudelaire, Mallarmé e Verlaine!

Thelma — Nada disso enche a barriga insaciável de um herdeiro!

Plínio — Você é vulgar e prosaica!

Thelma — E você devia estar num palco, pois é um grande bufão! Sabe fingir, passar por quem não é. Veneza, Firenze, Rilke, Mozart, Verlaine...

COMEÇA A DESPEJAR SEU FEL, DEBOCHADA E UM POUCO EMBRIAGADA.

Thelma — Não é isso que você vai deixar, Plínio Franco! Felizmente, você não tem mulher, nem filhos, nem ninguém! E se tivesse, e se pudesse deixar bens espirituais, sabe o que você ia deixar? Remorso! Muito remorso mesmo! Que pretensão, santo Deus! Rilke, Mozart, Baudelaire, Capela Sistina... Você foi um demolidor de esperanças, um incendiário! De mim, que fui a melhor atriz deste país, você não escreveu uma só linha que não tivesse no final uma ponta de veneno! Quando você elogiava, as poucas vezes em que você elogiava, a gente lia a crítica duas, três, quatro vezes, e antes de festejar deixava que se passasse uma noite inteira, pra ver se as letras impressas do jornal não iam desaparecer! Você nunca foi bom com ninguém! Nunca foi generoso! E é por isso que não tem nada pra deixar: nem material, nem espiritual! Nada! Ou então: fel, veneno, maledicência! Você me ajudou a perder a memória! A afundar, a morrer! A sofrer do Mal do Crítico, tão grave e irreversível quanto o Mal de Alzheimer! Se soubesse como uma crítica muitas vezes fere, mutila, faz sangrar! Uma bobagem às vezes. A gente sofre, sofre por se sentir sofrendo, por se achar uma idiota. Mas fica ali, no jornal, o dia inteiro! Pegando fogo! Quando saía uma coisa assim, eu me trancava em casa. Via uma cara irônica em todas as caras! Até no porteiro do edifício! Uma vez desci e o jornal estava aberto em cima da mesa, na portaria. Fiquei rubra de vergonha! E vai ver... ele nem tinha lido! E você ainda teve o descaramento de publicar em livro, há dez anos, uma coletânea do que chamou de (*Debochada*) suas melhores críticas! Eu estou lá em pelo menos vinte delas! Te devo isso ainda! Imortalizada em livro como uma canastrona! Odeio, odeio gente que não me respeita. Tanto esforço, tanta saúde, tanta vida! e gente como você vai lá, senta na primeira fila, de graça! E põe-se a decidir o que é bom e o que não é! Odeio vocês todos! Impostores!

PLÍNIO — E você não lia as minhas críticas, hein? Sabe de cor cada palavra que eu escrevi sobre você! E mesmo bêbado – sim, porque você garante que eu só escrevia bêbado –, mesmo bêbado consegui criar o terror dentro da sua cabeça. Da sua cabecinha de atriz que decora bem um texto, mas que quando a memória desaparece, a atriz some também! Pensava que eu não sabia, não é? Todo mundo falava no crítico beberrão, que quando ia na casa de alguém, vomitava no tapete, dizia inconveniências, cutucava, por baixo da mesa, o pé da dona da casa. E com que prazer você diz isso pra mim, santo Deus! Você goza, goza com o ódio, porque já não consegue gozar com o amor! Não é isso? Meu senso crítico, meu outrora famoso e temível senso crítico, não está certo?

THELMA — Você não tem o direito de na minha casa...

PLÍNIO — Pois me ponha pra fora, se puder! Chame o porteiro, a polícia! Quem sabe até estamos precisando de um bom escândalo pra que não se lembrem de nós apenas por piedade? Mas que digam: "Eles estão vivos!"

THELMA — Eu estou muito viva, sim senhor! Tão viva que recebi um prêmio! Telegramas! Bombons! Uísque, que você bebeu todo! E até uma mensagem do governador! Isso é estar morta, é? É estar esquecida? Mais de cinqüenta telefonemas pra cá, hoje, a Zu me disse! Ninguém telefona para os mortos! Nem manda telegrama, bombons, uísque!

PLÍNIO – Pena de você! Todos têm pena de você!

THELMA – Não é verdade!

PLÍNIO – É verdade, sim! Piedade! (*Ri*) Quer dizer que todo mundo sabia da minha vida, não é? Vocês, atrizes, e toda essa cambada que se chama "gente de teatro", "gente do meio", todos vocês comentavam nas festinhas, que o grande crítico era um alcoólatra!?

THELMA – E comentávamos mesmo!

PLÍNIO – E pensa, por acaso, que não se comenta que você não é mais nada? Que acabou?

THELMA – (*Chocada*) As pessoas pensam que eu me afastei voluntariamente, por algum tempo!

PLÍNIO – (*Dá uma gargalhada*) Essa é muito boa! Todo mundo sabe que você já não pode subir num palco! Há quatro anos!

THELMA – (*Já entrando em pânico*) Ninguém sabe que eu estou doente!

PLÍNIO – Ninguém acredita que você não esteja, isso

sim! (*Ri*) Teatro em pedaços! Pedaços de uma atriz! Cacos! Uma atriz em cacos! Não pode fazer outra coisa!

THELMA — (*Mais insegura*) Você mesmo disse que um espetáculo assim é possível!

PLÍNIO — (*Sorrindo, maldoso*) Claro! Vou dizer o quê? E tem mais: será que você vai lembrar de todos os pedaços? Pois fique sabendo de uma coisa: para uma atriz é mil vezes melhor perder uma perna, como Sarah Bernhardt, do que a memória, como Thelma Cordeiro! (*Ri*) Você está no fundo do poço!

THELMA — Desgraçado! É uma pena que o avião tenha levantado vôo e te trazido até aqui! Mais ainda: é uma pena que esse avião não tenha estourado no ar! Amanhã eu ia ter o gostinho de ver no jornal: "Implacável crítico desaparece em desastre!" (*Ri*) Ia ser uma festa pra toda classe!

PLÍNIO — (*Após pausa, sorrindo*) Eu não peguei avião nenhum!

ELA OLHA. TEMPO. ELE SORRI, FELIZ COM O IMPACTO DE SUAS PALAVRAS.

PLÍNIO — Nem saí daqui!

THELMA — (*Outra vez insegura*) Mas você telefonou, você...

Plínio – (*Corta*) Teatro! (*Sorri*) Teatro, minha querida atriz! Montei um pequeno espetáculo! Pra nós dois!

Thelma – (*Insegura*) Não estou entendendo!

Plínio – Não queria ir àquela maldita entrega de troféus! Todo prêmio é injusto! E de mau gosto! E deve mesmo acabar no quarto da empregada! Mas queria te ver, queria confirmar as coisas que ouvi sobre o seu péssimo estado! Então... o que foi que eu fiz? Telefonei, disse que por causa da chuva não ia poder chegar a tempo. Deixei uma linda mensagem pra você! Arrumei uma maleta com roupas e... aqui estou! Teatro – como no teatro!

Thelma – É mentira!

Plínio – É verdade!

Thelma – Eu esqueci o troféu no táxi e você...

Plínio – Bem, isso foi uma coincidência! Se eu não encontrasse o motorista, ia subir de qualquer maneira! Pra te dar as flores e o meu abraço cordial. Mas você sabe: os deuses do teatro protegem seus devotos. Então... o motorista chegar junto comigo foi uma providência divina!

Thelma – É mentira!

Plínio – É verdade! Agora, confesse: meu desempenho foi magistral, não foi?

THELMA — Você está blefando! Está fazendo isso pra dizer que tem pena de mim!

PLÍNIO — Se estou blefando, só eu sei! E se não estou, também! Como é que fica a sua cabecinha? Você não é a grande atriz, que tudo sabe, tudo percebe? Pois então: estou blefando ou não? Diz!

THELMA — (*Recuando, com medo*) Não sei.

PLÍNIO — Sabe qual é o nome desta peça que eu estou fazendo pra você? (*Pausa*) "A verdade é que eu minto". Que tal, gosta? A verdade é que eu minto. Especialmente dedicada a você. Vamos, Thelma, fala: não é um belo projeto?

ELA COMEÇA A CHORAR BAIXINHO, E ELE FICA SÓ OLHANDO, UM SORRISO SUAVE AFLORANDO. AGORA A VOZ DELE É NATURAL, CARINHOSA ATÉ.

PLÍNIO — Thelma. (*Ela continua chorando baixinho*) Thelma.

O CHORO DELA VAI AUMENTANDO DEVAGAR. OS SOLUÇOS, POR FIM, APARECEM, ELA QUERENDO CONTROLÁ-LOS E NÃO CONSEGUINDO. E AS LÁGRIMAS, AGORA, ROLAM PELO SEU ROSTO, BORRANDO A PINTURA E TIRANDO DO LUGAR OS CÍLIOS POSTIÇOS. ELE SE APROXIMA MAIS, VAI FICANDO APREENSIVO, SEMPRE CHAMANDO, NUM TOM

CONCILIADOR. MAS ELA REAGE COMO UM ANIMAL MORTALMENTE FERIDO. AVANÇA PARA ELE, DESGRENHADA, TRANSTORNADA.

Thelma – Veio aqui pra acabar de me matar, não é? Como não tem o jornal, vem agora, pessoalmente, assassinar suas atrizes! Você é um assassino do teatro!

ELE VAI PROTESTANDO, AMEDRONTADO, PROCURANDO CONTÊ-LA. ELA ABRE UMA GAVETA E PEGA UM PUNHAL DE PRATA, LINDO, BEM TEATRAL. ELE SE ASSUSTA.

Thelma – Eu mesmo vou fazer esse serviço pra você.

E ENCOSTA A PONTA DO PUNHAL CONTRA O PEITO. PLÍNIO DÁ UM GRITO E SE ATIRA SOBRE ELA, MAS THELMA RECUA E MANTÉM A FACA NA POSIÇÃO PERIGOSA. ELE ESTÁ TRANSTORNADO.

Plínio – Thelma! Pára com isso, eu estava apenas brincando! Tira esse punhal daí, pelo amor de Deus!

ELE FAZ UM GESTO NA DIREÇÃO DELA, MAS ELA RECUA E COMPRIME O PEITO COM O PUNHAL. ELE CAI DE JOELHOS, APAVORADO, SEM SABER O QUE FAZER.

Plínio – Te digo a verdade, pronto, mas pára com isso! Olha: eu estava mesmo fora da cidade, não consegui chegar – e vim até aqui, juro, porque queria... queria me aproximar de você, pedir pra você me desculpar... todos esses anos em que fui tão injusto com você, te criticando ferozmente porque... porque no fundo... sempre gostei de você e... e... sofri com cada casamento seu, com a esperança que se desfazia cada vez que você voltava a se casar... Essa é a verdade! Amei, acho que amei você, sempre! Desde Romeu e Julieta! Existe gente, alguns amigos meus e até pessoas de teatro, que sabem que isso é verdade. Confessei isso em algumas bebedeiras. É isso. Eu vim... pra tentar mais uma vez... agora que estamos, os dois, sem ninguém. E na pior. Eu também estou doente, muito doente.

E THELMA ENTÃO DÁ UMA SONORA GARGALHADA. AS LÁGRIMAS DESAPARECEM E OS OLHOS VOLTAM A BRILHAR INTENSAMENTE.

THELMA – Idiota! Como é fácil te levar a uma confissão!

E JOGA O PUNHAL EM CIMA DA MESA. ELE SE LEVANTA, RIDÍCULO E INDIGNADO.

PLÍNIO – Não vem com essa não! Você estava chorando de verdade! E pensou mesmo em se espetar com essa maldita faca! Pude ver nos seus olhos as suas intenções!

THELMA – (*Rindo*) Jura? E quem é que pode provar isso, hein? Estou blefando ou não? É verdade que eu minto? (*Ri*) Apaixonado por mim desde Romeu e Julieta, é?

Plínio – Te odiando desde Romeu e Julieta! Só falei pra não me meter em confusão! Não quero meu nome na página policial!

Thelma – Vai ver é a página que te resta nos jornais!

E VOLTA A RIR, LEMBRANDO-SE DO PAVOR DELE.

Thelma – Pena não ter uma câmera oculta! Você, de joelhos, dizendo que me ama, que sempre me amou! Ia mandar uma cópia pra todas as atrizes do país! Com uma legenda: O leão da crítica virou gatinho da grande estrela!

E RI MAIS.

Plínio – Ninguém acreditaria. Vendo você hoje, do jeito que você está, como é que alguém ia levar a sério uma coisa dessas?

ELA LHE DÁ UMA BOFETADA RÁPIDA. SEM MUITA FORÇA. UMA BOFETADA TEATRAL. ELE LEVA A MÃO AO ROSTO E DEVOLVE A BOFETADA COM MAIS FORÇA. ELA DÁ UM GRITO DE INDIGNAÇÃO E DOR E COMEÇA A BATER NELE, A ESMO. ELE NÃO SE ESQUIVA, MAS REVIDA AOS TAPAS, DE IGUAL PARA IGUAL. MAS LOGO SE CANSAM E SENTAM-SE, ARFANTES. PLÍNIO ACABA TENDO UM ACESSO DE TOSSE. ELA SE LEVANTA E EMPURRA PRA ELE O COPO COM UM RESTINHO DE UÍSQUE. ELE BEBE

COM UMA CARETA E A CRISE VAI PASSANDO. SILÊNCIO POR UM INSTANTE.

Plínio – Acabou a brincadeira e eu vou embora. Será que a moça passou o meu terno?

ELA FICOU PENSATIVA E SÉRIA.

Thelma – Eu vou ver.

ELA VAI SAINDO.

Plínio – Só mais uma coisa, pra terminar. Uma sugestão. Se aceita ou não, o problema é seu.

ELA AGUARDA, DESCONFIADA.

Plínio – Pra coroar a sua carreira… pra encerrar com chave de ouro sua brilhante carreira, você devia fazer a Clara Zahanassian de "A Visita da Velha Senhora", que você começou a ensaiar, mas que não pôde ir até o fim. Tenho certeza que desta vez você vai conseguir….

ELA ESTÁ DESCONFIADA E AO MESMO TEMPO CURIOSA. ESTÁ EM DÚVIDA, INSEGURA COMO SEMPRE.

Thelma – Acha mesmo que eu posso fazer esse papel… ainda? Ou é outra brincadeira?

Plínio – A brincadeira acabou, já disse. (*Pausa*) Ninguém pode fazer o papel melhor do que você.

Thelma – (*Ainda desconfiada*) Por quê...?

Plínio – (*Sério e até suave*) Porque você é uma velha senhora, Thelma, uma velhíssima senhora, perversa e cínica – como Clara Zahanassian!

ELE PERMANECE SÉRIO. ELA TAMBÉM. OLHOS NOS OLHOS. AÍ ELE SORRI LEVEMENTE. ELA TAMBÉM. E ABRAÇAM-SE COM FORÇA.

APAGAM-SE AS LUZES POR ALGUNS SEGUNDOS.

QUANDO AS LUZES SE ACENDEM, ZU ESTÁ COLOCANDO NA MESA UMA BANDEJA COM CAFÉ. THELMA ESTÁ PENSATIVA, OLHANDO O VAZIO. A CHUVA VOLTOU A CAIR FORTEMENTE, COM RAIOS E TROVÕES.

Zu – Como é que eu podia adivinhar? Ah, dona Thelma, que vergonha a senhora me fez passar! Podia ter me chamado num canto e falado logo! Eu passei o tempo todo pensando: "Meu Deus! Dona Thelma com um motorista de táxi!"

Thelma – (*Distante*) Você acha que um motorista de táxi é pior do que um crítico de teatro?

Zu – Ah, eu não entendo nada disso, mas acho que a senhora, como grande artista, merece sempre o melhor.

Thelma – O melhor, às vezes, é o pior. E vice-versa.

Zu – (*Sem entender*) Ahm?

THELMA — Esquece. Amanhã vou ao hospital, visitar o Nil. Faz aquele bolo com cobertura de baunilha, que ele tanto gosta. E me lembra de levar a caixa de bombons que o Roberto me mandou. Ah, meu Deus, eu daria esta mão (*Mostra a mão esquerda*) pra ver o Nil novamente em cima de um palco. (*Pensa e estende a mão direita também*) Daria as duas! Pra que vou querer minhas mãos, se não posso mais representar?

ZU OLHA E PERCEBE QUE A DEPRESSÃO ESTÁ VOLTANDO.

ZU — Vai começar, dona Thelma?

PLÍNIO ENTRA, VESTINDO O TERNO QUE FOI PASSADO. ESTÁ ELEGANTE, MAS CALÇA UM TÊNIS BRANCO, BEM ORDINÁRIO, QUE FAZ UM GRANDE CONTRASTE. ELE SE EXIBE, VAIDOSO.

PLÍNIO — Então, como é que eu estou?

AS DUAS PERCORREM PLÍNIO COM OS OLHOS, DA CABEÇA AOS PÉS.

THELMA — Ridículo.

PLÍNIO — Ainda tive sorte do porteiro calçar o meu número.

ELE PEGA DA MALETA A ÁGUA-DE-COLÔNIA, PASSANDO UM POUCO NAS MÃOS.

Zu – Que cheiro bom!

Plínio – Gosta?

APROXIMA AS MÃOS DO NARIZ DELA, QUE ASPIRA O PERFUME, OS OLHOS FECHADOS.

Zu – Divino!

Plínio – Cheiro de homem.

THELMA SORRI EM SILÊNCIO.

Zu – De homem limpo, porque tem cada um...

Plínio – Será que eu consigo um táxi?

Zu – Posso chamar a Central.

PERCEBE QUE PLÍNIO QUER FICAR SOZINHO COM THELMA.

Zu – Eu ligo lá da cozinha, com licença.

E SAI. SILÊNCIO.

Thelma – Acho que nesses últimos quatro anos... nunca tive uma noite tão boa como esta.

Plínio – Pra mim também, Thelma, foi uma noite que vai ficar pra sempre.

THELMA – (*Sorri*) Assim como uma noite de estréia!

OLHAM-SE MAIS, MAS TENTAM DISFARÇAR INTERESSE.

THELMA – Sabe que eu estava aqui… e estava me lembrando de tanta coisa! Aquelas frases, aqueles pedaços.

PLÍNIO – Seus pedaços.

THELMA – Nossos. Nossos cacos. Ou você está desistindo da parceria?

PLÍNIO – Não, não. Nossos, claro! Eu também, lá dentro, me vestindo… me lembrei de muitas coisas. Sabe o que eu acho? Que a técnica é não pensar. Lembrar é não pensar.

THELMA – Engraçado. Já não consigo lembrar de um único verso de Romeu e Julieta… (*Pausa*) E você?

PLÍNIO – (*Hesitante*) Eu também não.

THELMA – É. Acho que estávamos especialmente… inspirados há meia hora.

PLÍNIO – Acho que sim.

THELMA – Não vou esquecer mais.

PLÍNIO – De Romeu e Julieta?

Thelma — De meia hora atrás.

Thelma — Tem uma frase que eu gosto muito e que dediquei a você, quando recebi o prêmio.

Plínio — Ah, eu mereci uma referência especial e você nem me contou!

Thelma — Você não vai gostar! (*Pausa*) "Não se incomode com as críticas. Nunca se ergueu uma estátua a um crítico!"

Plínio — Sempre tão preocupada com os críticos! Quem foi o idiota que disse uma coisa dessas? Você lembra?

Thelma — (*Sorri*) Lembro. (*Pausa*) Sibelius.

Plínio — Sibelius! Aquele músico... finlandês, não é? (*Ela confirma com um aceno*) Eu era criança e me lembro que o meu pai freqüentava uma sauna finlandesa. (*Corta*) Sabe o que Flaubert dizia das atrizes? Que elas eram a desgraça dos rapazes de boa família!

Thelma — Sempre tão preocupado com as atrizes.

ZU REAPARECE.

Zu — A Central de táxi só dá ocupado.

Plínio — Não esqueça o meu guarda-chuva.

Zu – Ah, eu vou pegar.

SAI NOVAMENTE. THELMA COMEÇA A SERVIR O CAFÉ.

Thelma – Toma um café?

Plínio – (*Aceitando*) Nada de açúcar.

Thelma – Dieta?

Plínio – Diabetes.

Thelma – (*Sorri*) Somos dois. Minha glicemia é... 140!

Plínio – A minha é maior: 160!

Thelma – Você sempre querendo ganhar em tudo!

PAUSA. TOMAM O CAFÉ EM PEQUENOS GOLES.

Thelma – Por que não espera a chuva passar?

Plínio – É o que estou fazendo desde que cheguei!

ZU VOLTA COM O GUARDA-CHUVA, COLOCANDO-O JUNTO À ENTRADA DO "LIVING".

Zu – Vou tentar mais uma vez.

Plínio – Não, deixa. Eu vou esperar. Daqui a pouco deve sair um solzinho.

THELMA — Solzinho de outono, que é a nossa estação. (*Corta*) Vai deitar, Zu. Acho que agora não vou precisar mais de você.

Zu — Já tá quase na hora de eu levantar. (*Percebe o clima e sorri, cúmplice*) Mas acho que hoje vou ficar mais tempo na cama. Estou morrendo de sono. Boa noite.

ELES RESPONDEM. ZU SAI, MAS VOLTA IMEDIATAMENTE.

Zu — O senhor me desculpe, hein. Como é que eu podia adivinhar, se eu estava esperando um motorista de táxi?

PLÍNIO — Tudo bem, Zu. Foi divertido. Pelo menos pra mim.

ELA SAI DE VEZ. CONTINUA O CAFÉ.

THELMA — Você não acha mesmo impossível um bom relacionamento entre artistas e críticos? Qualquer artista, qualquer área de atividade?

PLÍNIO — Pode ser. (*Pausa*) Conheço uma história... (*Pausa*) Um crítico de cinema, um norte-americano... Um dia ele ficou sabendo que Greta Garbo, muito sensível, chorava sempre que lia uma crítica negativa ao seu trabalho. Principalmente aquelas que incluíam observações cruéis. E ele então, sabendo disso, escrevia no jornal coisas horríveis sobre ela. De propósito. E dizia, esfregando as mãos: "Gosto de saber que faço Greta Garbo chorar". Um dia exagerou na dose, foi perverso mesmo. Chegou a falar nos imensos pés da divina Garbo! De uma possível relação homossexual, etc., etc. Essas coisas que, como você diz, fazem sangrar o coração. E a excitação que ele sentiu foi tão grande, que telefonou para a casa dela. Queria saber! E quando a criada informou que a patroa não podia atender porque estava adoentada, de cama, o homem alcançou o orgasmo crítico, exclamando: "Eu faço Greta Garbo ficar doente, de cama!"

PAUSA. ELA ESTÁ IMPRESSIONADA.

THELMA – Puxa! me consola saber que Greta Garbo era exatamente como eu! Onde é que você leu isso?

ELE OLHA PARA ELA, SORRI, TOMA MAIS UM GOLE DE CAFÉ E FALA NATURALMENTE:

PLÍNIO – Em lugar nenhum. Acabei de inventar!

THELMA – Só pra mostrar como os críticos são cruéis?

PLÍNIO – E como as atrizes são tolas.

THELMA – Que bela dupla formamos! Te olhando assim, de perto, te conhecendo melhor, tenho mais raiva ainda de ter sofrido tanto com você. Quer saber de uma coisa? Vá à merda!

PLÍNIO – (*Rindo*) Isso! Pode ser até um pouco mais forte!

THELMA – (*Forte*) Vá à merda!!

PLÍNIO – Mais, mais!

THELMA – (*Grita*) Vá à merda!!!!!

SILÊNCIO SÚBITO. ZU CHEGA OFEGANTE À PORTA DA SALA, NOVAMENTE COM O TROFÉU NUMA DAS MÃOS.

ZU – Me chamou?

THELMA – Você mudou de nome, Zu?

ZU SAI, DANDO DE OMBROS, SEM ENTENDER.

PLÍNIO – Me exorcizou? Bravo, Thelma, bravíssimo!!

THELMA – (*Se animando*) Eu quero voltar, eu preciso voltar, Plínio! (*Pausa*) Mas tenho tanto medo!

ELE AFAGA SUAVEMENTE AS MÃOS DELA, NAQUELE GESTO QUE CONSOLA.

PLÍNIO – Você vai conseguir, Thelma.

OLHAM-SE INTENSAMENTE, EM SILÊNCIO. AÍ ENTÃO, NUMA MUDANÇA SÚBITA DE ATITUDE, ELE ANDA PELA SALA, MÃOS NO BOLSO, ASSOVIANDO, "REPRESENTANDO". BEM CENA DE TEATRO DOS ANOS 50. ELA ACOMPANHA COM O "RABO DOS OLHOS". ELE

CANTAROLA BAIXINHO, SUAVE, MAS PROVOCANTE:

Plínio – "Quem tem medo de Virginia Woolf?
  Virginia Woolf
  Virginia Woolf

ELE AUMENTA O VOLUME DE VOZ, SEMPRE BEM TEATRAL.

Plínio – Quem tem medo de Virginia Woolf?
  Virginia Woolf
  Virginia Woolf"

ELA SORRI OUVINDO A MUSIQUINHA. ELE SE APROXIMA DO APARELHO DE SOM.

Plínio – Tanto tempo aqui. Poderíamos ter dançado.

Thelma – Não sei dançar. Nunca aprendi.

Plínio – Mentira sua. Já vi você dançando numa peça. E muito bem!

Thelma – Ah, eu sou uma atriz! No palco, finjo que danço! E finjo tão bem, que chego a dançar direitinho. O público acredita piamente que eu sei!

Plínio – Você está novamente querendo me enganar!

Thelma – Verdade! Se o personagem sabe dançar, danço. Se é uma rainha, reino! Se é uma prostituta...

Ah, Plínio, você não sabe nada de teatro e menos ainda de atrizes! Por isso foi ser crítico!

ELA SE APROXIMA E COLOCA NOVAMENTE A "VALSA TRISTE" DE SIBELIUS.

Thelma — Preciso me acostumar com uma música, pra poder gostar. Esta é a minha predileta. Repara, Plínio, repara como ela tem qualquer coisa de hemoptise. Como se fosse sangrar. Presta atenção. Parece o lamento de um coração de atriz. Sonhei um dia em montar "A Dama das Camélias". E juro pra você que Marguerite Gautier ia morrer ouvindo esta valsa. Por mais que os críticos me malhassem! (*E num lamento sentido*) Por que nós, as atrizes, somos tão sensíveis, Plínio?

ELE SORRI, COMO RESPOSTA. FICAM UM TEMPO COMO QUE SUSPENSOS, OUVINDO A MÚSICA.

Thelma — (*Informando*) "Valsa Triste".

Plínio — (*Um pouco na dúvida*) Sibelius?

Thelma — (*Confirma sorrindo*) Sibelius.

ELA COMEÇA A MEXER COM O CORPO EM ONDULAÇÕES SUAVES, OS OLHOS FECHADOS, SORRINDO, FELIZ. ELE OLHA, SORRINDO TAMBÉM.

Thelma — Vem. Vamos fazer de conta que estamos dançando.

APROXIMAM-SE. ENLAÇAM-SE.

Plínio – Vamos fazer de conta que eu estou de volta à primeira fila de um teatro e que não desperdicei a minha vida! E que vou escrever uma crítica enaltecendo o trabalho de uma grande atriz!

Thelma – Vamos fazer de conta que eu sou essa grande atriz e que estou voltando ao teatro... para sempre!

ELA AUMENTA O VOLUME DA "VALSA TRISTE" E OS DOIS RODOPIAM, COM MUITA ELEGÂNCIA. LÁ FORA, A CHUVA VAI PARANDO LENTAMENTE. SEGUEM VALSANDO, AO MESMO TEMPO QUE O DIA VAI CLAREANDO ATRAVÉS DA JANELA. AÍ ENTÃO, UM SOLZINHO DE OUTONO VAI PENETRANDO NO "LIVING". APÓS UM TEMPO, JÁ NA REPETIÇÃO DA VALSA, TODO O PALCO SE INUNDA DA LUZ DO DIA.
POR FIM, DE MANEIRA SUAVE E DELICADA, THELMA REPOUSA A CABEÇA NO OMBRO DE PLÍNIO.
O PANO SE FECHA LENTAMENTE. ELES SEMPRE VALSANDO E A NOSSA HISTÓRIA TERMINANDO.

FIM
LAUS DEO

AS REFERÊNCIAS

1. Mate aquele cão. É um crítico. *Goethe*

2. Não se incomode com as críticas. Nunca se ergueu uma estátua a um crítico. *Jean Sibelius*

3. Revertere ad locum tuum (Volte para o seu lugar). Inscrição em portões de cemitérios.

4. A partir de uma certa idade, os anos passam voando e os dias são intermináveis. Possivelmente de *Virginia Woolf*

5. Ó minh'alma, não aspires à vida imortal, mas esgota o campo do possível. *Píndaro* (30 pítica)

6. Quanto mais estudo, mais vejo Deus em toda a parte. *Albert Einstein*

7. Quem nos extraviou assim para que tivéssemos um ar de despedida em tudo que fazemos? *Rainer-Maria Rilke* (Oitava elegia de Duíno)

8. Assim vivemos nós: numa incessante despedida. *Rainer-Maria Rilke* (Oitava elegia de Duíno)

9. O teatro é a armadilha, onde eu vou apanhar a consciência do rei. *Shakespeare* (Hamlet)

10. Deus quer, o homem sonha e a obra nasce. *Fernando Pessoa* (O infante)

11. Tudo que fiz por Deus, penso que foi bem feito. Joana d'Arc por *Jean Anouilh* (O canto da cotovia)

12. Eterna é a noite que o dia não alcança. *Shakespeare* (Macbeth)

13. Como é que se pode voltar aos bons tempos de antigamente? Era tudo tão cheio de luz e de carinho. Nós passeávamos de trenó no inverno e eu contemplava o rubor nas faces de meu filho! E havia sempre uma boa notícia chegando, e o futuro era tão cheio de esperança. *Arthur Miller* (A morte do caixeiro viajante)

14. Flores, flores para los muertos. *Tennessee Williams* (Um bonde chamado desejo)

15. Só existe um problema filosófico realmente sério: é o suicídio. *Albert Camus* (O mito de Sísifo)

16. O louco é aquele que perdeu tudo, menos o juízo. *Chesterton* (Ortodoxia, I)

17. Tenho um grande projeto para o futuro: enlouquecer. *Dostoiévski* (em carta ao irmão)

18. A carne é triste e eu li todos os livros, todos. *Mallarmé* (Brisa marinha)

19. Quem tem medo de Virginia Woolf? *Edward Albee* (Quem tem medo de Virginia Woolf?)

20. O sentimento de humanidade foi feito, realmente, para a bolsa dos ricos, mas quem tem o meu poderio financeiro pode dar-se ao luxo de criar uma nova ordem mundial. O mundo fez de mim uma mulher da vida e eu quero fazer dele um bordel. Quem não tem dinheiro e quer entrar na dança, que agüente firme. *Friedrich Durrenmatt* (A visita da velha senhora)

21. Qual é a razão para se educar uma mulher se não lhe ensinamos a conquistar um homem rico e a conseguir o seu dinheiro, casando-se com ele? A cerimônia do casamento não torna a coisa mais moral. Ah! A hipocrisia do mundo me enoja. *Bernard Shaw* (A profissão da senhora Warren)

22. Quem, se eu gritasse, entre os anjos me ouviria? *Rainer-Maria Rilke* (Primeira elegia de Duíno)

23. A vida toda é um aprender a morrer. *Sêneca* (Sobre a brevidade da vida, VII, 3-4)

24. Que é um palco? É um lugar onde se brinca a sério. *Luigi Pirandello* (Seis personagens à procura de um autor)

25. Por que tu vais partir? Vem longe a madrugada, e foi o rouxinol que cantou na ramada. *Shakespeare* (Romeu e Julieta). Tradução de Oliveira Ribeiro Neto

Este livro foi composto na fonte Fairfield,
e impresso em pólen soft 80g.
São Paulo, Brasil, inverno de 2005